だいたいで楽しい中国語入門
使える文法

永江貴子 著

SANSHUSHA

はじめに

　「中国語は文法がない」とよく聞きます。
　英語のような語形変化も、日本語のような敬語も、時制さえもないように思えるからです。しかし、学習が進むにつれ、文法をしっかり勉強しておけばよかったという声が聞かれるようになります。本書では、そういう中国語の文法が大まかに理解できるように、やさしく解説しています。日々の授業でヒントを得て、途中で挫折せず、かつ大切な部分を積み重ねて進められるように工夫をしました。
　「中国語は、漢字がわかるから簡単そう。だけど、続けられるかな？」と思った方は、ひとまず「地図」を開いてみてください。難しいところは一部だとわかります。今は難しいと感じたら、後でもう一度挑戦することにして、先に簡単な部分に進んでもいいじゃないですか。
　また、「続けられるか心配…」という方は、「計画表」を見てください。勉強しようと思ったきっかけや夢は何ですか？　それを忘れないように書き込んでおきましょう。日々の勉強が、自分の夢につながっていることが確認できて、わくわくしてきます。
　そして、「今日は、体調が良くない」「忙しい」という日が続くと、当初の計画通りに進まず、再開しづらくなってきます。でも、この本なら、そんな日があっても大丈夫。各課の大事なところをまとめた「カード」で、移動中や家事の間に5分だけ復習しておきましょう。それだけで断然再開しやすくなります。
　この本で、中国語が「だいたい」わかるようになると、どんどん楽しくなってきます。あなたも始めてみませんか。

永江貴子

本書の使い方

本書は、ひと通り最後までできるように配慮しました。
① 「これだけ」の内容で、下の問題が解けるようになっています。
② 「もっと」の内容で、次のページの問題が解けるようになっています。
③ 余力のある方は「＋α」も読んでみてください。
④ 5課ごとに「まとめのドリル」があります。力試しにお使いください。
⑤ 「まとめ」は、持ち歩けるように、巻末にカードとしてまとめました。
　本書付属CDは、🔊マークのついた個所の中国語を収録しています。
（1〜5課、6〜30課はキーフレーズと「これだけ」「問題の答え」「もっと1」「もっと2」、まとめのドリル）

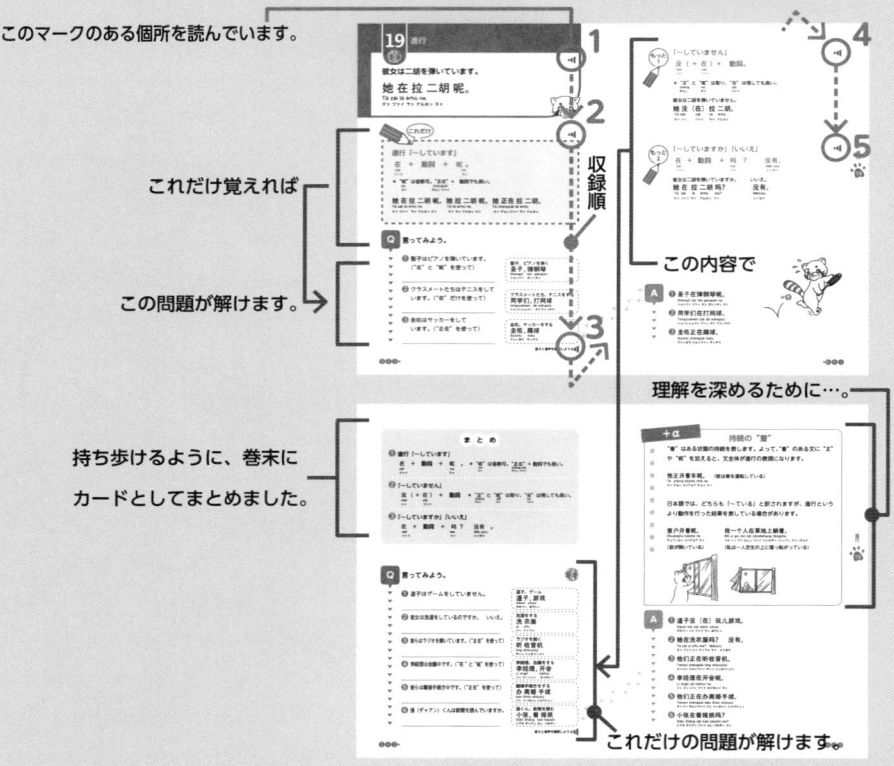

もくじ

中国語文法散策マップ …………………………………………… 4
本書の使い方 ……………………………………………………… 6
夢をかなえる マイ予定表 ………………………………………… 12

STEP1

| 1 | 中国語の文字・発音 ………………………………………… 16
| 2 | 発音：四声 …………………………………………………… 18
| 3 | 発音：母音 …………………………………………………… 20
| 4 | 子音 …………………………………………………………… 22
| 5 | 複合・鼻母音 ………………………………………………… 24

まとめのドリル1 ………………………………………… 26
コラム① 年配者への敬意 ……………………………… 28

STEP2

| 6 | 動詞述語文 …………………………………………………… 30
私は寿司を食べます。
我吃寿司。
| 7 | 「です」述語文 ……………………………………………… 34
あなたは会社員ですか。　いいえ。
你是公司职员吗?　不是。

8 所有・存在の表現 ·· 38
私は辞書を持っています。
我有词典。

9 存在文"在" ·· 42
私の会社は新宿にあります。
我的公司在新宿。

10 形容詞述語文 ·· 46
上海料理はおいしいです。
上海菜很好吃。

まとめのドリル2 ·· 50
コラム②　8種類の中華料理 ···································· 52

STEP 3

11 疑問文 ·· 54
あなたは何のお茶を飲みますか。　緑茶を飲みます。
你喝什么茶?　我喝绿茶。

12 選択疑問文 ·· 58
君はお茶を飲む、それともビールを飲むの。　お茶を飲みます。
你喝茶还是喝啤酒?　喝茶。

13 副詞 ·· 62
彼らも万里の長城へ行きます。
他们也去长城。

14 前置詞 ·· 66
天安門は地下鉄の駅まで近い。
天安门离地铁站很近。

15 量詞・数 ··· 70

私は３枚の入場券を持っています。
我有三张门票。

まとめのドリル３ ·· 74
コラム③　時間の感覚 ·· 76

STEP 4

16 可能 ··· 78

あなたは中国語を話せますか。　少し話せるよ。
你会说中文吗？　会说一点儿。

17 義務 ··· 82

私は少し頭が痛い。　あなたは薬を飲むべきです。
我有点儿头疼。你应该吃药。

18 願望 ··· 86

中国の映画を見たい？　とても見たいです。
你想看中国的电影吗？　我很想看。

19 進行 ··· 90

彼女は二胡を弾いています。
她在拉二胡呢。

20 完了 ··· 94

昨日私は１箱の龍井茶を買いました。
昨天我买了一盒龙井茶。

まとめのドリル４ ·· 98
コラム④　学校と職場の競争 ·· 100

STEP 5

21 変化 ……………………………………………………… 102
どうしました？　私の携帯、電池がなくなりました。
怎么了？　我的手机没电了。

22 近未来 …………………………………………………… 106
傘を持った？　雨が降りそうだよ。
你带伞了吗？　要下雨了。

23 動量詞 …………………………………………………… 110
３日泊まったよ。
我住了三天。

24 比較 ……………………………………………………… 114
今年の夏の気温は例年に比較して６℃高い。
今年夏天气温比往年高六度。

25 経験 ……………………………………………………… 118
私はかつて１度九寨溝へ行ったことがあります。
我曾经去过一次九寨沟。

まとめのドリル５ ……………………………………… 122
コラム⑤　家族 ………………………………………… 124

STEP 6

26 方向補語 ……………………………………………………… 126
見てもいいですか。　いいですよ。お入りください。
可以看一下吗？　可以，进来吧。

27 結果補語 ……………………………………………………… 130
私はようやくこのテレビドラマを見終えました。
我终于看完这部电视连续剧了。

28 連動文 ………………………………………………………… 134
一緒に西湖に行って龍井茶を飲もうよ。
我们一起去西湖喝龙井茶吧。

29 二重目的語をとる動詞 ……………………………………… 138
私は彼にシャツを１着贈ります。
我送他一件衬衫。

30 禁止 …………………………………………………………… 142
急がないで、ゆっくりしましょう。
别着急，慢慢儿来。

まとめのドリル6 ……………………………………………………… 146
コラム⑥　読み書きができないこと ………………………………… 148

基本単語 ………………………………………………………………… 150
おさぼりカード ………………………………………………………… 157

夢をかなえる  マイ計画表

空欄に目標を書き込んで、自分だけの計画表を作ろう。

ロンジン茶を買う

STEP5 → 21 / 22 / 23

STEP4 → 16 / 17 / 18 / 19 / 20

15 / 14 / 13 / 12

a
o
e
i
u
ü
er

がんばるぞ！

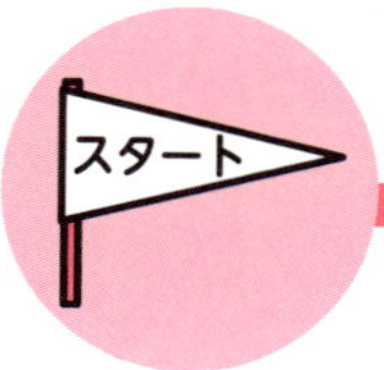

スタート

STEP1 → 1 / 2 / 3 / 4 / 5

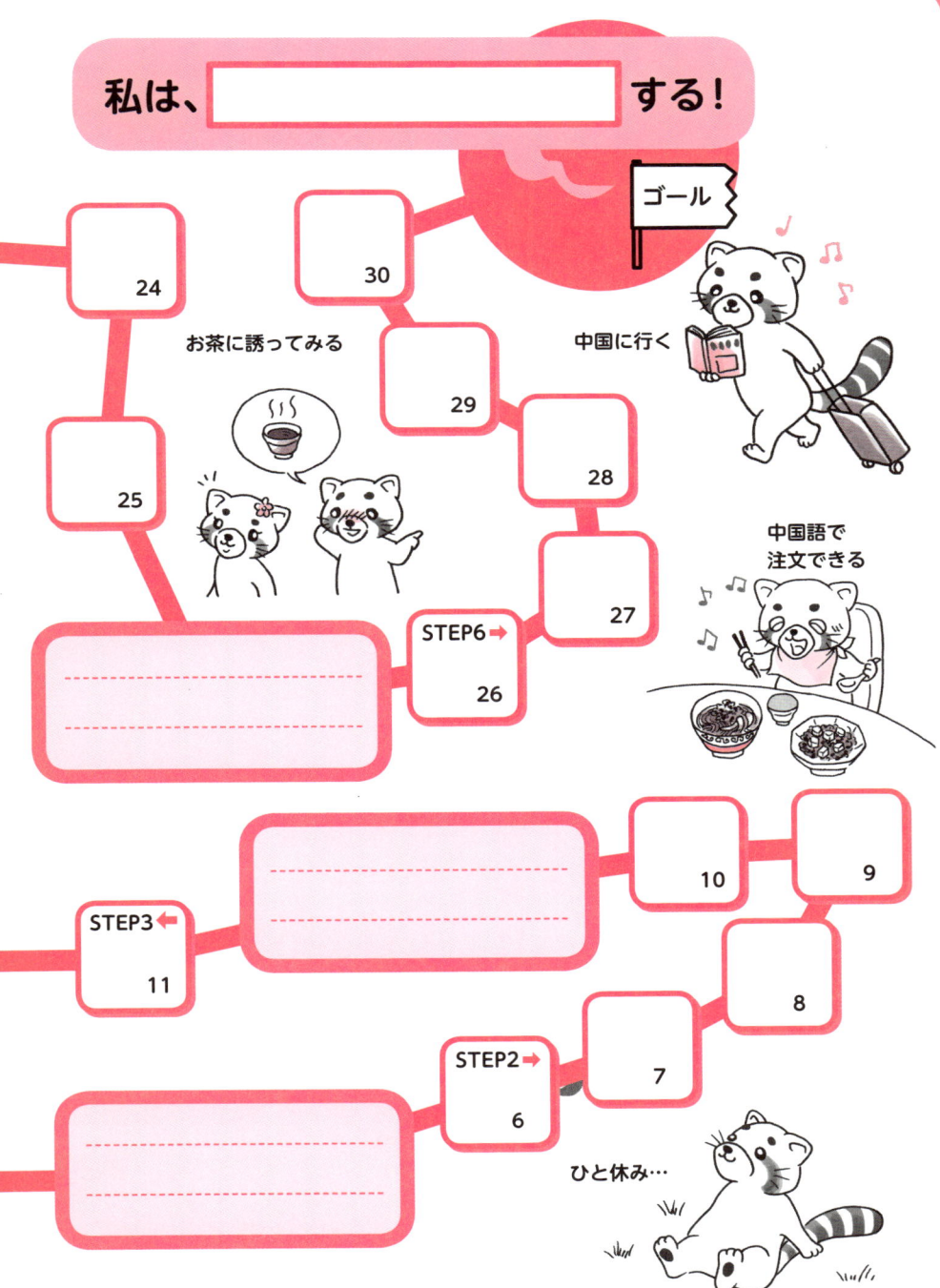

STEP 1

1 中国語の文字・発音

🔖 中国語の文字

中国語は日本語と同じように漢字を使います。ただ、中国では、「簡体字（かんたいじ）」と呼ばれる画数が少ない簡略化された漢字を使います。一方、台湾、香港、マカオでは簡略化されない「繁体字（はんたいじ）」を使います。そのため、日本語と同じ漢字と違う漢字があります。

日本語の漢字	簡体字	繁体字
馬	马	馬
学	学	學
雜	杂	雜

この本では、中国で標準語とされる"普通话"（プゥトォンホア：pǔtōnghuà）を勉強するので、簡体字で表記します。

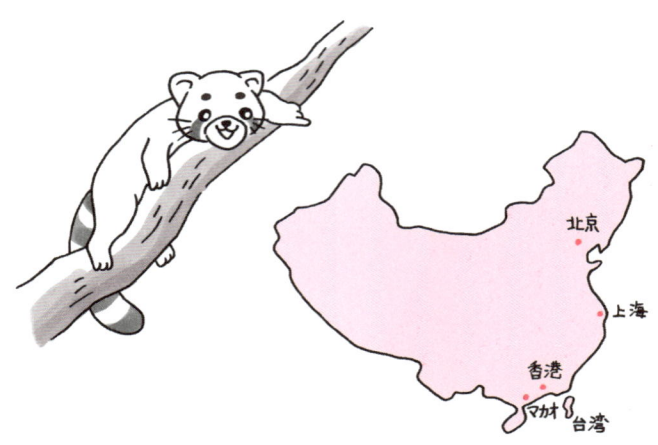

🐾 中国語の発音

中国語の発音は、"拼音"（ピンイン：pīnyīn）という声調（せいちょう）がついたローマ字で表記します。

日本語は、音の高低で発音し分けます。例えば、関東地方では「カキ」という語の「カ」を高く読むか、「キ」を高く読むかで「牡蠣」の意味になったり「柿」になったりします。このアクセントが中国語では「声調」と呼ばれます。「上がり調子なのか、下がり調子なのか」などで、主に4つに分けられるため、「四声（しせい）」とも呼ばれています。

2 発音：四声

中国語の発音には、音を上げたり下げたりする「声調（せいちょう）」があります。声調は主に４種類あるため、四声（しせい）とも呼ばれます。ローマ字の上に記す声調を表す符号を、「声調符号」といいます。

第1声	第2声	第3声	第4声
ā	á	ǎ	à
アァ	アァ	アァ	アァ

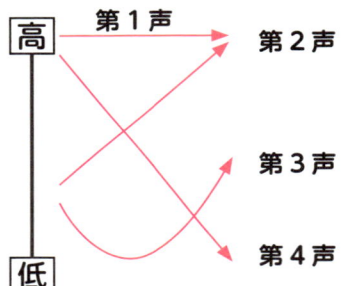

■ 発音のポイント

第1声　　出だし高く、高さをキープ。
第2声　　一気に上げる。
第3声　　低い位置でキープ。ため息をつく感じ。
第4声　　出だし高く、後はジェットコースターを滑り落ちる感じ。
軽声　　声調符号はない。ほかの語の後ろで「軽く短く」発音。

▼例

妈妈　骂　马。　　（お母さんが馬をしかる）
マァ マァ　マァ　　マァ
mā ma　mà　mǎ

声調の変化

組み合わせによって、声調が変化することがあります。

① 3声＋3声 → 2声＋3声

  nǐ hǎo   → ní hǎo   你好（こんにちは）

  yǒu hǎo → yóu hǎo   友好（友好的な）

② bù[不]の声調変化

  bù[不] ＋ 1声 ・ 2声 ・ 3声 →　　変化なし
  　　　bù chī　　bù lái　　bù hǎo
  　　　不 吃　　 不 来　　 不 好
  　　（食べない）（来ない）（良くない）

  bù[不] ＋ 4声 → bú[不] ＋ 4声 →　2声に
  　　　bù ＋ xiè → bú xiè
  　　　不　　谢　　 不 谢

③ yī[一]の声調変化

  yī ＋ 第1声 ┐
  yī ＋ 第2声 ├ 4声に　yì qiān [一千]（千）
  yī ＋ 第3声 ┘　　　　yì zhí [一直]（ずっと）
  　　　　　　　　　　yì bǎi [一百]（百）
  yī ＋ 第4声 ── 2声に　yíyàng [一样]（同じ）

＊なお本書では② bù[不]と③ yī[一]を、声調変化後の四声で表記します。

3 発音：母音

中国語の母音は、母音からなる単母音が6つ。それに「そり舌母音」のerを加え、全部で7つです。

a 口を大きく開けて「アー」と出す。

o 日本語の「オ」より口を丸く突き出す。

e みぞおちから「エ」と「オ」の中間の音を出す。

i 口を思いっきり左右に開いて「イー」と出す。

u → 日本語の「ウ」より口を丸く突き出す。

ü → 日本語の「ウ」の口の形で「イ」と音を出す。

er → みぞおちから「エ」と「オ」の中間の音 "e" の音を出しながら、舌先を上にそり上げる。

※南の地域では、あまり使われません。

4 子音

子音は全部で21種類あります。

※発音しやすいように（ ）に母音を添えました。

	①＜無気音＞	②＜有気音＞	＜鼻音＞	＜摩擦音＞	＜有声音＞
③唇音	b(o)	p(o)	m(o)	f(o)	
④舌尖音	d(e)	t(e)	n(e)		l(e)
⑤舌根音	g(e)	k(e)		h(e)	
⑥舌面音	j(i)	q(i)		x(i)	
⑦そり舌音	zh(i)	ch(i)		sh(i)	r(i)
⑧舌歯音	z	c		s	

①無気音　　無気音は、息を抑えて発音。

②有気音　　有気音は、息を強く出すように発音。

無気音　　　　　　　　　　　有気音

③唇音　　　唇を閉じた状態から開いて発音。

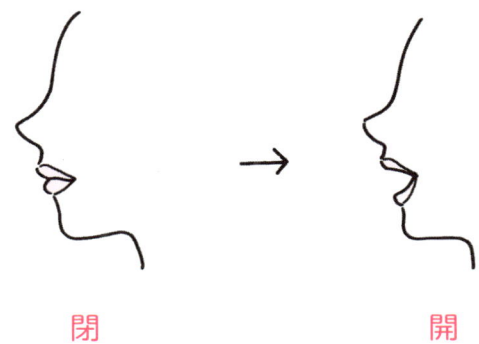

閉　　　　　　　　　開

④舌尖音　　上の前歯の裏の歯茎あたりに舌先をつけて発音。
⑤舌根音　　舌の後ろ側が盛り上がる感じで発音。
⑥舌面音　　舌の面全体を使って発音。
⑦そり舌音　舌先を立て上の歯茎のやや上に当てて発音。

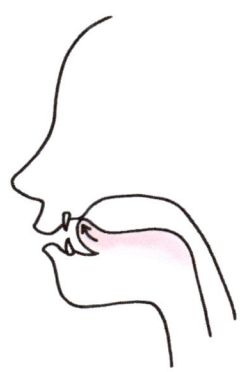

⑧舌歯音　　舌先を上の歯の裏に当てて発音。

5 複合・鼻母音

■ 複合母音（13個）3タイプ

① 大→小タイプ	ai ei ao ou
② 小→大タイプ	-ia -ie -ua -uo -üe (ya) (ye) (wa) (wo) (yue)
③ 小→大→小タイプ	-iao -iou -uai -uei (yao) (you) (wai) (wei)

（ ）は前に子音がない母音だけの場合の表記。

① 　　大→小　　　口の開きが大きく次が小さい

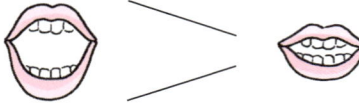

② 　　小→大　　　口の開きが小さく次が大きい

③ 　　小→大→小　口の開きが小→大→小となる

鼻母音（16個）

日本語では -n も -ng も「ン」で表します。ただ実際は、日本人も「案内」（アンナイ）は n、「案外」（アンガイ）は ng と発音を使い分けています。

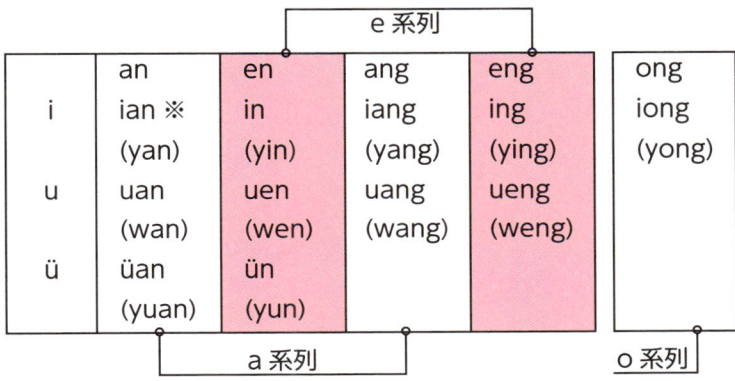

		e 系列			o 系列	
	an	en	ang	eng	ong	
i	ian ※	in	iang	ing	iong	
	(yan)	(yin)	(yang)	(ying)	(yong)	
u	uan	uen	uang	ueng		
	(wan)	(wen)	(wang)	(weng)		
ü	üan	ün				
	(yuan)	(yun)				
		a 系列				

（　）は前に子音がない母音だけの場合の表記。
※ian は「イエン」と発音します。

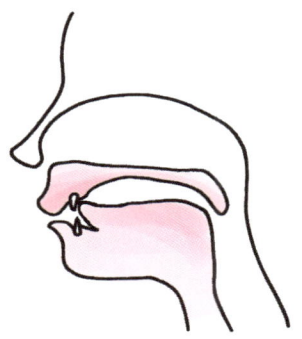

中国語で -n
日本の漢字音で「‐ン」
例▶ 山　shān　サン

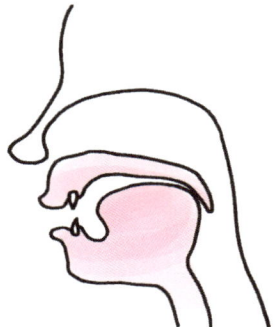

中国語で -ng
日本の漢字音で「‐ウ」
例▶ 送　sòng　ソウ

まとめのドリル 1

中国語で漢詩を読んでみよう。

静 夜 思
Jìng yè sī
ジィン イエ スー

李 白
Lǐ bái
リィ バイ

床 前 明 月 光
Chuáng qián míng yuè guāng
チュアン チエン ミィン ユエ グアン

疑 是 地 上 霜
Yí shì dì shàng shuāng
イィ シー ディー シャアン シュアン

举 头 望 明 月
Jǔ tóu wàng míng yuè
ジュイ トウ ワァン ミィン ユエ

低 头 思 故 乡
Dī tóu sī gù xiāng
ディー トウ スー グゥ シアン

静夜思
<ruby>静夜思<rt>せいやし</rt></ruby>

<ruby>李白<rt>りはく</rt></ruby>

牀（床）前　看　月　光
<ruby>牀前月光</ruby>を<ruby>看</ruby>る
（寝）床の前に（差し込んで来る）月の光を見る

疑　是　地　上　霜
<ruby>疑</ruby>らくは<ruby>是</ruby>れ<ruby>地上</ruby>の<ruby>霜</ruby>かと
これは地上の霜かと疑う（ほど明るい）

擧　頭　望　山　月
<ruby>頭</ruby>を<ruby>擧</ruby>げて<ruby>山月</ruby>を<ruby>望</ruby>み
頭をあげて山月を（遠く）望み

低　頭　思　故　郷
<ruby>頭</ruby>を<ruby>低</ruby>げて<ruby>故郷</ruby>を<ruby>思</ruby>う
頭をさげて故郷を思う。

＊日本版と中国版では、漢字表記が異なります。
　（中）明　　（日）看
　（中）明　　（日）山

コラム 1

年配者への敬意

「おばさん、こんにちは！」

20代前半のころ、中国で友人の家に招かれ、幼稚園児の娘さんから言われ、ショックを受けた言葉です。友人の娘さんが、日本語のあいさつ言葉を教わって、わざわざ「おばさん」と呼んでくれました。「日本語上手だね」と中国語で褒めながらも、私の顔は引きつっていたと思います。

そういう場面で、中国語だったらどう言うのだろうと調べたところ、"阿姨，您好！（Āyí,nínhǎo.）"でした。"你好．（Nǐhǎo.）"ではなく"你"の敬称である"您"を使って"您好"とし、年上への敬意を示すことはわかりました。そして、「おばさん」に当たる"阿姨"は、母親と同世代、年齢がほぼ同じ親族ではない女性への呼称として使われるので、その娘が私に「おばさん」と言うのは当然でした。

中国語で"老（lǎo）"という単語は、"老朋友（lǎopéngyou）"「長年付き合った友人」、"老师（lǎoshī）"「教師」など、よい意味でよく使われます。つまり、中国語は年を重ねたことに敬意を表すため、敬称を使うのです。

ただ、最近中国の娘さんに"姐姐（jiějie），你好！"と言われました。若くと見られたと喜ぶべきか、敬意の要らない相手だと見くびられたと悲しむべきか、悩ましいところです。

STEP 2

6 動詞述語文

私は寿司を食べます。

我 吃 寿司。
Wǒ chī shòusī.
ウオ チー ショウスー

これだけ

「AはBを（に）〜する」
A ＋ 動詞 ＋ B 。

＊「B」は、なくても良い。

Q 言ってみよう。

❶ 私は四川料理を食べます。

私、四川料理、食べる
我，四川菜，吃
wǒ　sichuāncài　chī
ウオ　スーチュワンツァイ　チー

❷ 彼らは北京に行きます。

彼ら、北京、行きます
他们，北京，去
tāmen　Běijīng　qù
タァメン　ベイジィン　チュイ

❸ 張さんはテレビを見ます。

張さん、見る、テレビ
张先生，看，电视
Zhāng xiānsheng kàn diànshì
ヂャアン シエンション カン ディエンシー

答えと音声を確認しよう

もっと1 「AはBを（に）～しない」

A ＋ 不 ＋ 動詞 ＋ B 。
　　　bù
　　　ブゥ

私は寿司を食べません。
我 不 吃 寿司。
Wǒ bù chī shòusī.
ウオ プゥ チー ショウスー

もっと2 「AはBを（に）～しますか」

| 文 | ＋ 吗 ？
　　　　ma
　　　　マァ

～ 動詞 ＋ 不 ＋ 動詞 ？
　　　　　　bu
　　　　　　ブゥ

あなたは寿司を食べますか。

你 吃 寿司 吗?　　**你 吃 不 吃 寿司?**
Nǐ chī shòusī ma?　　Nǐ chī bu chī shòusī?
ニイ チー ショウスー マァ　　ニイ チー プゥ チー ショウスー

A

① **我吃四川菜。**
Wǒ chī Sìchuāncài.
ウオ チー スーチュワンツァイ

② **他们去北京。**
Tāmen qù Běijīng.
タアメン チュイ ベイジン

③ **张先生看电视。**
Zhāng xiānsheng kàn diànshì.
チャアン シエンション カン ディエンシー

まとめ

❶「AはBを(に)～する」
A ＋ 動詞 ＋ B 。
＊「Bを」は、なくても良い。

❷「AはBを(に)～しない」
A ＋ 不 ＋ 動詞 ＋ B 。
　　　bù
　　　ブゥ

❸「AはBを(に)～しますか」
文 ＋ 吗？ ／ ～動詞 ＋ 不 ＋ 動詞？
　　　ma　　　　　　　　bu
　　　マァ　　　　　　　　ブゥ

Q 言ってみよう。

❶ パンダは竹の葉を食べます。

パンダ、竹の葉
熊猫，竹叶
xióngmāo zhúyè
シオンマオ デュウイエ

❷ 松田はギョーザを食べません。

松田、ギョーザ
松田，饺子
Sōngtián jiǎozi
ソォンティエン ジアオヅー

❸ 先生はビールを飲みません。

先生、ビール、飲む
老师，啤酒，喝
lǎoshī píjiǔ hē
ラオシー ピィジウ ホァ

❹ 私はウーロン茶が欲しいです。

ウーロン茶、欲しい
乌龙茶，要
wūlóngchá yào
ウゥロォンチャア ヤオ

❺ 山本さんはギョーザを食べますか。

山本さん、ギョーザ
山本先生，饺子
Shānběn xiānsheng jiǎozi
シャアンベン シエンション ジアオヅー

❻ 彼は学校に行きます。

学校
学校
xuéxiào
シュエシアオ

答えと音声を確認しよう

中国語の文型

中国語の語順は「主語＋動詞＋目的語」です。

	主語	目的語	動詞
日本語文	彼は	あなたを	愛する。

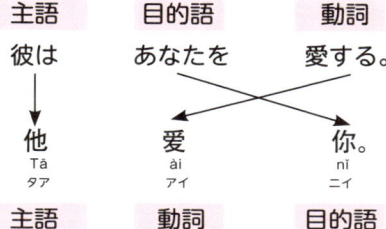

	主語	動詞	目的語
中国語文	他 Tā タア	爱 ài アイ	你。 nǐ ニイ

中国語の主語は「は」などの助詞をつけず、日本語のような活用がないため、過去も現在も未来も同じです。

以前他爱我，我不爱他。 现在我爱他，他不爱我。
Yǐqián tā ài wǒ, wǒ bú ài tā.　　Xiànzài wǒ ài tā, tā bú ài wǒ.
イィチエン タア アイ ウォ ウォ ブゥ アイ タア　　シェンヅァイ ウォ アイ タア タア ブゥ アイ ウォ

（以前彼は私を愛していたが、私は彼を愛していなかった。今私は彼を愛しているが、彼は私を愛していない）

A

❶ 熊猫吃竹叶。
Xióngmāo chī zhúyè.
シオンマオ チー ヅュウイエ

❷ 松田不吃饺子。
Sōngtián bù chī jiǎozi.
ソォンティエン ブゥ チー ジアオヅー

❸ 老师不喝啤酒。
Lǎoshī bù hē píjiǔ.
ラオシー ブゥ ホァ ピィジウ

❹ 我要乌龙茶。
Wǒ yào wūlóngchá.
ウオ ヤオ ウゥロォンチァア

❺ 山本先生吃饺子吗？／山本先生吃不吃饺子？
Shānběn xiānsheng chī jiǎozi ma?　Shānběn xiānsheng chī bu chī jiǎozi?
シャアンベン シエンション チー ジアオヅー マァ　シャアンベン シエンション チー ブゥ チー ジアオヅー

❻ 他去学校。
Tā qù xuéxiào.
タア チュイ シュエシアオ

7 「です」述語文

あなたは会社員ですか。　いいえ。
你 是 公司 职员 吗?　不 是。
Nǐ shì gōngsī zhíyuán ma?　Bú shì.
ニイ　シー　ゴォンスー　デーユエン　マァ　　ブゥ　シー

これだけ

「AはBです」
　　A ＋ 是 ＋ B。
　　　　 shi
　　　　 シー

Q 言ってみよう。

❶ 彼は学生です。

彼、学生
他，学生
tā　　xuésheng
タァ　シュエション

_____

❷ あれは私の物です。

あれ、私の物
那，我的
nà　　wǒ de
ナァ　ウオ ドァ

_____

❸ これはお金です。

これ、お金
这，钱
zhè　qián
ヂョァ　チエン

_____

答えと音声を確認しよう

疑問「AはBですか」

A ＋ 是 ＋ B ＋ 吗？
　　　shi　　　　　　ma
　　　シー　　　　　　マァ

＊A＋是不是＋B？でも良い。
　　　　shi bu shi
　　　　シーブゥシー

「はい」は、"是"、「いいえ」"不是"。

是。 / 不是。
shi.　　bú shi.
シー　　ブゥシー

否定「AはBではない」

A ＋ 不是 ＋ B 。
　　　bú shi
　　　ブゥ シー

あなたは会社員ではありません。
你 不 是 公 司 职 员。
Nǐ　bú　shi　gōngsī　zhíyuán.
ニイ　ブゥ　シー　ゴォンスー　ヂーユエン

A

❶ 他是学生。
Tā shi xuésheng.
タァ シー シュエション

❷ 那是我的。
Nà shi wǒ de.
ナァ シー ウオ ドァ

❸ 这是钱。
Zhè shi qián.
ヂョァ シー チエン

まとめ

❶ 「AはBです」

A ＋ 是 ＋ B 。
shī
シー

❷ 疑問「AはBですか」

A ＋ 是 ＋ B ＋ 吗 ？
shì　　　　　ma
シー　　　　　マァ

＊「はい」は、是 、「いいえ」不是 。　　是。 ／ 不是。
　　　　　　shì　　　　　bú shì　　　　shì.　　bú shì.
　　　　　　シー　　　　ブゥシー　　　シー　　ブゥシー

❸ 否定「AはBではない」

A ＋ 不是 ＋ B 。
bú shì
ブゥシー

Q 言ってみよう。

❶ 彼女は韓国人ではありません。

> 彼女、韓国人
> 她，韩国人
> tā　　Hánguórén
> タア　ハングォレン

❷ 私の母は大阪出身です。

> 私の母、大阪出身
> 我妈妈，大阪人
> wǒ māma　Dàbǎnrén
> ウオ マァマァ　ダーバンレン

❸ これは何清(ホァチン)の本ですか。("吗"を使って)はい。

> これ、何清の本
> 这，何清的书
> zhè　HéQīng de shū
> ヂョア　ホァチン ドァ シュー

❹ あなたは嘉村さんですか。("吗"を使って)

> 嘉村さん
> 嘉村先生
> Jiācūn xiānsheng
> ジアツン シェンション

❺ あれはあなたたちの大学ですか。("是不是"を使って)いいえ。

> あなたたちの大学
> 你们的大学
> nǐmen de dàxué
> ニィメンドァ ダシュェ

❻ マーボー豆腐は広東料理ではありません。

> マーボー豆腐、広東料理
> 麻婆豆腐，广东菜
> mápódòufǔ　guǎngdōngcài
> マーボードウフ　グアンドンツァイ

答えと音声を確認しよう

+α 年月日や数の言い方

「AはBです」でも、年月日、数の場合は"是"を省略できます。

今日は金曜日です。　　彼は35歳です。
今天星期五。　　**他三十五岁。**
Jīntiān xīngqīwǔ.　　Tā sānshiwǔ suì.
ジンティエン シィンチィウゥ　　タァ サンシーウゥスゥイ

ただし、否定するときは、"不是"を入れます。

今日は金曜日ではありません。　　彼は35歳ではありません。
今天不是星期五。　　**他不是三十五岁。**
Jīntiān bú shì xīngqīwǔ.　　Tā bú shì sānshiwǔ suì.
ジンティエン ブゥ シー シィンチィウゥ　　タァ ブゥ シー サンシーウゥスゥイ

A

❶ **她不是韩国人。**
Tā bú shì Hánguórén.
タァ ブゥ シー ハングオレン

❷ **我妈妈是大阪人。**
Wǒ māma shì Dàbǎnrén.
ウオ マァマァ シー ダーバンレン

❸ **这是何清的书吗？**　　**是。**
Zhè shì HéQīng de shū ma?　　Shì.
ヂョァ シー ホァチィン ドァ シューマァ　　シー

❹ **你是嘉村先生吗？**
Nǐ shì Jiācūn xiānsheng ma?
ニィ シー ジアツン シェンション マァ

❺ **那是不是你们的大学？**　　**不是。**
Nà shi bu shì nǐmen de dàxué?　　Bú shì.
ナァ シー ブゥ シー ニィメン ドァ ダァシュエ　　ブゥ シー

❻ **麻婆豆腐不是广东菜。**
Mápódòufǔ bú shì Guǎngdōngcài.
マーポードウフ ブゥ シー グアンドンツァイ

8 所有・存在の表現

私は辞書を持っています。

我 有 词典。
Wǒ yǒu cídiǎn.
ウオ ヨウ ツーディェン

これだけ

「AはBを持っています」「AにはBがあります」

A ＋ 有 ＋ B 。
　　　yǒu
　　　ヨウ

※「（場所）に〜がある」という場合。Aを（場所）にすればOK。

Q 言ってみよう。

❶ 私の息子は携帯を持っています。

私の息子、携帯
我儿子, 手机
wǒ érzi　　shǒujī
ウオ アルヅー　ショウジィ

❷ 私は彼氏／彼女がいます。

彼氏／彼女
男朋友／女朋友
nán péngyou　nǚ péngyou
ナン ポンヨウ　ニュイ ポンヨウ

❸ 私の父はデジタルカメラを持っています。

私の父、デジタルカメラ
我爸爸, 数码相机
wǒ bàba　　shùmǎxiàngjī
ウオ パァパァ　シュウマァシアンジィ

答えと音声を確認しよう

もっと1 否定「AはBを持っていません / Bがありません」

A ＋ 没 ＋ 有 ＋ B 。
　　　méi　　yǒu
　　　メイ　　ヨウ

私は辞書を持っていません。
我 没 有 词典。
Wǒ méiyou cídiǎn.
ウオ メイヨウ ツーディェン

もっと2 疑問「AはBを持っていますか / Bがありますか」

A ＋ 有 ＋ B ＋ 吗 ？
　　　yǒu　　　　ma
　　　ヨウ　　　　マァ

あなたは辞書を持っていますか。(「持っているよね」という確認)
你 有 词典 吗?
Nǐ yǒu cídiǎn ma?
ニイ ヨウ ツーディェン マァ

＊ほかに、"有没有～?"でもOK。
　　(持っているのか、持っていないのかをはっきりさせたいとき)

A ＋ 有没有 ＋ B ？
　　　yǒu méiyou
　　　ヨウ メイヨウ

あなたは辞書を持っていますか。
你 有没有 词典?
Nǐ yǒu méiyou cídiǎn?
ニイ ヨウ メイヨウ ツーディェン

所有・存在の表現

A

❶ **我儿子有手机。**
Wǒ érzi yǒu shǒujī.
ウオ アルヅー ヨウ ショウジィ

❷ **我有男朋友 / 女朋友。**
Wǒ yǒu nán péngyou nǚ péngyou.
ウオ ヨウ ナン ポンヨウ ニュイ ポンヨウ

❸ **我爸爸有数码相机。**
Wǒ bàba yǒu shùmǎxiàngjī.
ウオ パァパァ ヨウ ショウマァシアンジィ

まとめ

❶「AはBを持っています」「AにはBがあります」

A ＋ 有 ＋ B 。
　　　yǒu
　　　ヨウ

❷ 否定「AはBを持っていません／Bがありません」

A ＋ 没 ＋ 有 ＋ B 。
　　　méi　 yǒu
　　　メイ　 ヨウ

❸ 疑問「AはBを持っていますか／Bがありますか」

A ＋ 有 ＋ B ＋ 吗？
　　　yǒu　　　　ma
　　　ヨウ　　　　マァ

Q 次の単語を使って言ってみよう。

❶ 外に人がいますか。("吗"を使って)

外、人
外面, 人
wàimian　rén
ワイミエン　ロェン

❷ 私の弟はパソコンを持っていません。

私の弟、パソコン
我弟弟, 电脑
wǒ dìdi　diànnǎo
ウオ ディーディー　ディエンナオ

❸ 問題がありますか。

問題
问题
wèntí
ウェンティ

❹ テーブルの上にはたくさんの料理があります。

テーブルの上、たくさんの料理
桌子上, 很多菜
zhuōzishang　hěn duō cài
デュオヅーシァン　ヘン ドゥオ ツァイ

❺ 私はパスポートを持っていません。

パスポート
护照
hùzhào
ホウヂャオ

❻ 家を持っていますか。("有没有"を使って)

家
房子
fángzi
ファンヅー

答えと音声を確認しよう

+α 否定は "没" か "不" か？

"有"(yǒu/ヨウ)を否定する場合には "没"(méi/メイ)を動詞の前に置き、"不"(bù/ブゥ)はつけません。

有（ある） ×不有 → 没有
yǒu　　　　bù yǒu　　méiyou
ヨウ　　　　ブゥヨウ　　メイヨウ

また、次の動詞を否定する場合は "没"(méi/メイ)ではなく、"不"(bù/ブゥ)をつけます。

是（～です） ×没是 → 不是
shì　　　　　méi shì　　bú shì
シー　　　　　メイシー　　ブゥシー

知道（わかる） ×没知道 → 不知道
zhīdao　　　　méi zhīdao　　bù zhīdao
ヂーダオ　　　　メイ ヂーダオ　　ブゥ ヂーダオ

所有・存在を表す場合の否定は "没"(méi/メイ)を使うことが多いです。

所有・存在の表現

A

❶ 外面有人吗？
Wàimian yǒu rén ma?
ワイミエン ヨウ ロェン マァ

❷ 我弟弟没有电脑。
Wǒ dìdi méiyou diànnǎo.
ウオ ディーディー メイヨウ ディェンナオ

❸ 有没有问题？／有问题吗？
Yǒu méiyou wèntí?　Yǒu wèntí ma?
ヨウ メイヨウ ウェンティ　ヨウ ウェンティ マァ

❹ 桌子上有很多菜。
Zhuōzishang yǒu hěn duō cài.
デュオヅーシャアン ヨウ ヘン ドゥオ ツァイ

❺ 我没有护照。
Wǒ méiyou hùzhào.
ウオ メイヨウ ホゥヂャオ

❻ 有没有房子？
Yǒu méiyou fángzi?
ヨウ メイヨウ ファンヅー

9 存在文 "在"

私の会社は新宿にあります。

我的公司在新宿。
Wǒ de gōngsī zài Xīnsù.
ウオ ドァ ゴォンスー ヅァイ シンスゥ

これだけ

「～は…にあります」

主語 ＋ 在 ＋ 場所 。
　　　　　zài
　　　　　ヅァイ

Q 言ってみよう。

❶ 書類はかばんの中にあります。

書類、かばんの中
文件，书包里
wénjiàn　shūbāoli
ウェンジエン　シュウバオリィ

❷ 携帯は椅子の上にあります。

携帯、椅子の上
手机，椅子上
shǒujī　yǐzishang
ショウジィ　イィヅーシャアン

❸ ホテルは駅の近くにあります。

ホテル、駅の近く
饭店，车站附近
fàndiàn　chēzhàn fùjìn
ファンディエン　チョァヂャン　フゥジン

答えと音声を確認しよう

もっと1 否定「〜は…にありません」

主語 ＋ 不 ＋ 在 ＋ 場所 。
　　　　　bù　　zài
　　　　　ブゥ　ヅァイ

私の会社は新宿にありません。
我的公司不在新宿。
Wǒ de gōngsī bú zài Xīnsù.
ウオ ドァ ゴンスー ブゥ ヅァイ シンスー

もっと2 質問「〜はどこにありますか」

主語 ＋ 在 ＋ 哪儿？
　　　　　zài　　nǎr
　　　　　ヅァイ　ナァー

＊語尾を上げます。

あなたの会社はどこにありますか。
你的公司在哪儿？
Nǐ de gōngsī zài nǎr?
ニイ ドァ ゴンスー ヅァイ ナァー

＊ "哪儿" ではなく "哪里" を使ってもOK。
　　nǎr　　　　　　nǎli
　　ナァー　　　　　ナァリィ

存在文 "在"

A

❶ **文件在书包里。**
　 Wénjiàn zài shūbāoli.
　 ウェンジェン ヅァイ シュウバオリィ

❷ **手机在椅子上。**
　 Shǒujī zài yǐzishang.
　 ショウジィ ヅァイ イィヅーシャアン

❸ **饭店在车站附近。**
　 Fàndiàn zài chēzhàn fùjìn.
　 ファンディエン ヅァイ チョァヂャン フゥジン

まとめ

❶「～は…にあります」

主語 ＋ 在 ＋ 場所 。
　　　　zài
　　　　ヅァイ

❷ 否定「～は…にありません」

主語 ＋ 不 ＋ 在 ＋ 場所 。
　　　　bú　　 zài
　　　　ブゥ　 ヅァイ

❸ 質問「～はどこにありますか」

主語 ＋ 在 ＋ 哪儿？
　　　　zài　　 nǎr
　　　　ヅァイ　ナァー

Q 言ってみよう。

❶ あなたたちの会社はどこにありますか。

あなたたちの会社
你们公司
nǐmen gōngsī
ニイメン ゴォンスー

❷ オレンジジュースは冷蔵庫の中にあります。

オレンジジュース、冷蔵庫の中
橙汁, 冰箱里
chéngzhī bīngxiāngli
チョンヂー ビィンシアンリィ

❸ トイレは階下にありません。

トイレ、階下
卫生间, 楼下
wèishēngjiān lóuxià
ウェイションジエン ロウシア

❹ 中華街はどこにありますか。

中華街
中华街
Zhōnghuájiē
ヂォンホアジエ

❺ マクドナルドは私の家の向かいにあります。

マクドナルド、私の家の向かい
麦当劳, 我家对面
Màidāngláo wǒ jiā duìmiàn
マイダァンラオ ウオ ジア ドゥイミエン

❻ 北京飯店はどこにありますか。

北京飯店
北京饭店
Běijīng fàndiàn
ベイジンファンディエン

答えと音声を確認しよう

+α 存在文は"在"か"有"か？

「～は…にあります」文は"在"でも"有"でもOKです。では"在"と"有"を使った文に、どのような違いがあるでしょうか。

桌子上有一本书。
Zhuōzishang yǒu yì běn shū.
ヂョウヅーシャアン ヨウ イィ ベン シュウ
（机の上に1冊の本があります）

麻里的书在桌子上。
Mǎlǐ de shū zài zhuōzishang.
マァリィ ドァ シュウ ヅァイ ヂョウヅーシャアン
（麻里の本は机の上にあります）

網掛けのモノの部分に注目すると"有"の文では"一本书"（1冊の本）という誰の本かわからない（不定）のに対し、"在"を使った文では"麻里的书"（麻里の本）というように特定された人のモノになります。そのため、次のような文は不自然になります。

？？机の上に麻里の本があります。
桌子上有麻里的书。
Zhuōzishang yǒu Mǎlǐ de shū.
ヂョウヅーシャアン ヨウ マァリィ ドァ シュウ

A

❶ 你们公司在哪儿？
Nǐmen gōngsī zài nǎr?
ニイメン ゴオンスー ヅァイ ナァー

❷ 橙汁在冰箱里。
Chéngzhī zài bīngxiānglǐ.
チョンヂー シュイ ヅァイ ビィンシアンリィ

❸ 卫生间不在楼下。
Wèishēngjiān bú zài lóuxià.
ウェイションジエン ブゥ ヅァイ ロウシア

❹ 中华街在哪儿？
Zhōnghuájiē zài nǎr?
ヂョンホアジエ ヅァイ ナァー

❺ 麦当劳在我家对面。
Màidāngláo zài wǒ jiā duìmiàn.
マイダンラオ ヅァイ ウオ ジア ドゥイミエン

❻ 北京饭店在哪儿？
Běijīng fàndiàn zài nǎr?
ベイジン ファンディエン ヅァイ ナァー

10 形容詞述語文

CD 15

上海料理はおいしいです。

上海菜 很 好吃。
Shànghǎicài hěn hǎochī.
シャアンハイツァイ　ヘン　ハオチー

これだけ

「～は…（性質・状態）です」

　　主語　＋　很＋　形容詞　。
　　　　　　　hěn
　　　　　　　ヘン

※ "很" は副詞で「とても」という意味ですが、実際の意味は弱い。
　 "很" 以外の副詞は、語本来の意味を表します。
　 ―"真"（本当に）"非常"（非常に）"特別"（特に）など。
　　　zhēn　　　　　fēicháng　　　　　 tèbié
　　　ヂェン　　　　フェイチャアン　　　トァビエ

Q 言ってみよう。

❶ チャン・ツィイーはきれいです。

チャン・ツィイー、きれい
章子怡, 漂亮
Zhāngzǐyí　piàoliang
チャアンヅーイィ　ピアオリアン

❷ 今日は寒い。

今日、寒い
今天, 冷
jīntiān　lěng
ジンティエン　ラァン

❸ 値段が安い。

値段、安い
价钱, 便宜
jiàqián　piányi
ジアチエン　ピエンイィ

答えと音声を確認しよう

もっと1　否定「〜は…にありません」
主語 ＋ 不 ＋ 形容詞 。
bù
ブゥ

上海料理はおいしくありません。
上海菜 不 好吃。
Shànghǎicài bù hǎochī.
シャアンハイツァイ　ブゥ　ハオチー

もっと2　疑問「〜は…ですか」
主語 ＋ 形容詞 ＋ 吗 ？
ma
マァ

上海料理はおいしいですか。
上海菜 好吃 吗？
Shànghǎicài hǎochī ma?
シャアンハイツァイ　ハオチー　マァ

A

❶ **章子怡很漂亮。**
Zhāngzǐyí hěn piàoliang.
ヂャアンヅーイィ ヘン ピアオリアン

❷ **今天很冷。**
Jīntiān hěn lěng.
ジンティエン ヘン ラァン

❸ **价钱很便宜。**
Jiàqián hěn piányi.
ジアチエン ヘン ピエンイィ

まとめ

❶「〜は…（性質・状態）です」

主語 ＋ 很 ＋ 形容詞 。
　　　　hěn
　　　　ヘン

❷ 否定「〜は…ではありません」

主語 ＋ 不 ＋ 形容詞 。
　　　　bù
　　　　ブゥ

❸ 疑問「〜は…ですか」

主語 ＋ 形容詞 ＋ 吗？
　　　　　　　　　ma
　　　　　　　　　マァ

Q 言ってみよう。

❶ このリンゴは甘いですか。

> この、リンゴ、甘い
> 这个, 苹果, 甜
> zhè ge　píngguǒ　tián
> ヂョァ グァ ピィングゥオ ティエン

❷ 私の荷物は重くありません。

> 私の、荷物、重い
> 我的, 行李, 重
> wǒ de　xíngli　zhòng
> ウオ ドァ　シィンリィ　ヂォン

❸ 日本の夏は特に暑い。

> 日本の夏、暑い
> 日本的夏天, 热
> Rìběn de xiàtiān rè
> リーベン ドァ シアティエン ロァ

❹ 四川料理は特に辛いです。

> 四川料理、辛い
> 四川菜, 辣
> sìchuāncài　　là
> スウチュワンツァイ ラァ

❺ 私は非常に満足しています。

> 満足する
> 满意
> mǎnyì
> マンイィ

❻ 今回は安心ですか。

> 今回、安心
> 这次, 放心
> zhè cì　fàngxīn
> ヂョァ ツー ファアンシン

答えと音声を確認しよう

+α "很"をつけない形容詞文

形容詞に"很"をつけない場合、比較・対照の意味が出ます。

餃子はおいしい。
饺子很好吃。
Jiǎozi hěn hǎochī.
ジアオヅー ヘン ハオチー

餃子はおいしい(が、チャーハンはおいしくない)。
饺子好吃(，炒饭不好吃)。
Jiǎozi hǎochī (,chǎofàn bù hǎochī).
ジアオヅー ハオチー チャオファン ブゥ ハオチー

単に「おいしい」と言いたい時は必ず"很"をつけ、比較・対照の意味合いを入れたい場合は"很"を置かずに後ろに文を続けてください。

A

❶ **这个苹果甜吗？**
Zhè ge píngguǒ tián ma?
ヂョァ グァ ピィングゥオ ティエン マァ

❷ **我的行李不重。**
Wǒ de xíngli bú zhòng.
ウオ ドァ シィンリィ ブゥ ヂョン

❸ **日本的夏天特别热。**
Rìběn de xiàtiān tèbié rè.
リーベン ドァ シアティエン トァビエ ロァ

❹ **四川菜特别辣。**
Sìchuāncài tèbié là.
スゥチュワンツァイ トァビエ ラァ

❺ **我非常满意。**
Wǒ fēicháng mǎnyì.
ウオ フェイチャアン マンイィ

❻ **这次放心吗？**
Zhè cì fàngxīn ma?
ヂョァ ツー ファアンシン マァ

まとめのドリル 2

1 ピンインと日本語を読み、簡体字で書いてみよう。

① Tāmen qù Běijīng ma?（彼らは北京へ行きますか）

② Wǒ māma shì Zhōngguórén.（私のお母さんは中国人です）

③ Nǐ yǒu hùzhào ma?（あなたはパスポートを持っていますか）

④ Nǐmen gōngsī zài nǎr?（あなたたちの会社はどこにありますか）

⑤ Jīntiān tèbié lěng.（今日は特に寒い）

2 語句を並べ替え、文を作ってみよう。

① 安田先生は本を読みます。（看, 安田, 书, 老师）
　　　　　　　　　　　　　　　kàn　Āntián　shū　lǎoshī

② マーボー豆腐は四川料理ですか。（是, 吗, 麻婆豆腐, 四川菜）
　　　　　　　　　　　　　　　　　shì　ma　mápódòufǔ　Sìchuāncài

③ 私はデジタルカメラを持っていません。（没, 数码相机, 我, 有）
　　　　　　　　　　　　　　　　　　　méi　shùmǎxiàngjī　wǒ　yǒu

④ 携帯はかばんの中にあります。（在, 手机, 书包里）
　　　　　　　　　　　　　　　　zài　shǒujī　shūbāoli

⑤ 日本の冬はとても寒いです。（冷, 日本, 非常, 的, 冬天）
　　　　　　　　　　　　　　　lěng　Rìběn　fēicháng　de　dōngtiān

3 [ ]の中から1つを選んで、文を完成してみよう。

[在 不 很 有 是]
　　zài　bù　hěn　yǒu　shì

① 饺子（　　　）好吃。（ギョーザはおいしい）
　Jiǎozi　　　　hǎochī.

② 她（　　　）留学生吗？（彼女は留学生ですか）
　Tā　　　　liúxuéshēng ma?

③ 我们公司（　　　）池袋。（私たちの会社は池袋にあります）
　Wǒmen gōngsī　　　Chídài.

④ 他没（　　　）词典。（彼は辞書を持っていません）
　Tā méi　　　cídiǎn.

⑤ 小王（　　　）吃辣的。（王くんは辛いものを食べません）
　Xiǎo Wáng　　　chī là de.

4 中国語で言ってみよう。

① 中国語（汉语）は難しいですか（"不"を使って）。中国語は難しいです。
_____

② 彼女は日本人ですか（"吗"を使った疑問文で）。いいえ。彼女は韓国人です。
_____

③ パスポートはかばんの中にあります。
_____

④ 彼はテレビを見ます。
_____

⑤ 私のかばんの中にはたくさんの本があります。
_____

こたえ

1 ① 他们去北京吗？ ② 我妈妈是中国人。 ③ 你有护照吗？ ④ 你们公司在哪儿？ ⑤ 今天特别冷。

2 ① 安田老师看书。 ② 麻婆豆腐是四川菜吗？ ③ 我没有数码相机。 ④ 手机在书包里。 ⑤ 日本的冬天非常冷。

3 ① 很　② 是　③ 在　④ 有　⑤ 不

4 ① 汉语难不难？汉语很难。 ② 她是日本人吗？不是。她是韩国人。 ③ 护照在书包里。
　　Hànyǔ nán bu nán? Hànyǔ hěn nán.　　Tā shì Rìběnrén ma? Bú shì. Tā shì Hánguórén.　　Hùzhào zài shūbāoli.

④ 他看电视。 ⑤ 我的书包里有很多书。
　Tā kàn diànshì.　Wǒ de shūbāoli yǒu hěn duō shū.

8種類の中華料理

　中華料理は、食べきれない量の料理を、数人でつつきます。この「食べきれない量」というのがポイントです。招待する側にとって、「食べきれないほどふるまえたので、きちんと接待できた」いうことになるのです。この余った料理は、最近では"打包（dǎbāo）."（包んでください）と言って、持ち帰ることもあります。

　中華料理は、調理法や味付などで8つに分けられ、"八大菜系（Bādàcàixì）"と呼ばれています。"菜（cài）"は、中国語で「料理」という意味です。

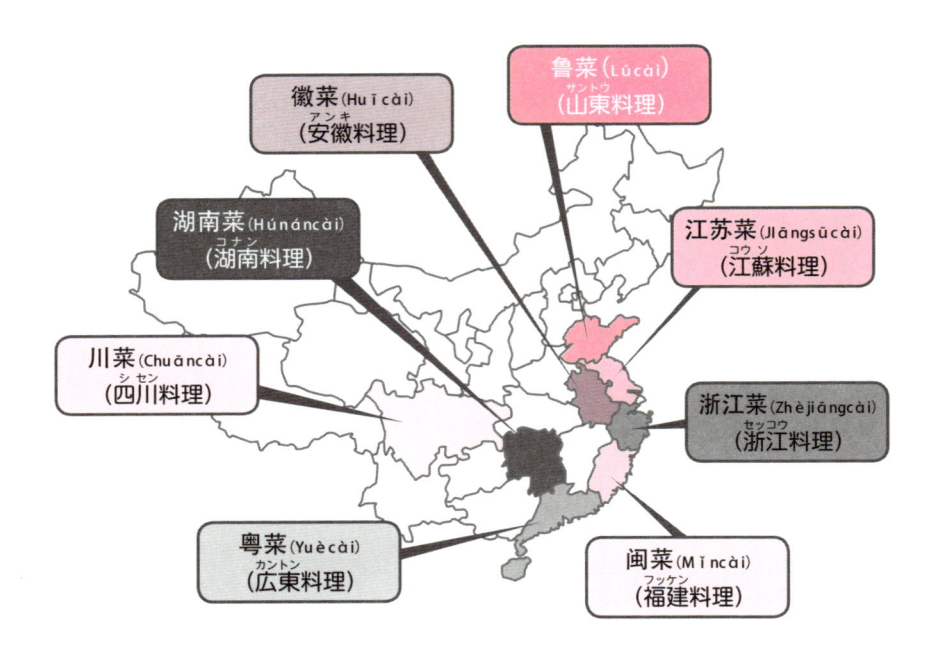

徽菜（Huīcài）
アンキ
（安徽料理）

魯菜（Lǔcài）
サントウ
（山東料理）

湖南菜（Húnáncài）
コナン
（湖南料理）

江苏菜（Jiāngsūcài）
コウソ
（江蘇料理）

川菜（Chuāncài）
シセン
（四川料理）

浙江菜（Zhèjiāngcài）
セッコウ
（浙江料理）

粤菜（Yuècài）
カントン
（広東料理）

闽菜（Mǐncài）
フッケン
（福建料理）

STEP 3

11 疑問文

あなたは何のお茶を飲みますか。　緑茶を飲みます。

你 喝 什么 茶?　　我 喝 绿茶。
Nǐ hē shénme chá?　　Wǒ hē lǜchá.
ニイ　ホア　シェンマ　チャア　　ウオ　ホア　リュイチャア

これだけ

「～は何を…しますか」

主語　＋　動詞　＋　什么　？
　　　　　　　　　shénme
　　　　　　　　　シェンマ

　　　　　　　⇒　什么　＋　対象　？
　　　　　　　　　shénme
　　　　　　　　　シェンマ

※「何の～」と聞く場合、"什么～"を使う。

Q 言ってみよう。

❶ あれは何ですか。

_____

あれ
那
nà
ナァ

❷ あなたは何の飲み物を飲みますか。

_____

飲み物
饮料
yǐnliào
インリアオ

❸ 今日は何のニュースがありますか。

_____

今日、ニュース
今天，新闻
jīntiān　xīnwén
ジンティエン　シンウェン

答えと音声を確認しよう

もっと1 「誰が〜」

谁 + ?
Shéi
シェイ

誰が緑茶を飲みますか。
谁 喝 绿茶?
Shéi hē lǜchá?
シェイ ホア リュイチャア

私が飲みます。
我 喝
Wǒ hē.
ウオ ホア

もっと2 「どのように〜」

怎么 + ?
zěnme
ヅェンマ

日本のお茶はどのように飲みますか。
日本茶 怎么 喝?
Rìběnchá zěnme hē?
リーベンチャア ヅェンマ ホア

こんなふうに飲みます。
这样喝。
Zhèyàng hē.
ヂョァヤン ホア

疑問文

A

❶ **那是什么?**
Nà shi shénme?
ナァ シー シェンマ

❷ **你喝什么饮料?**
Nǐ hē shénme yǐnliào?
ニイ ホア シェンマ インリアオ

❸ **今天有什么新闻?**
Jīntiān yǒu shénme xīnwén?
ジンティエン ヨウ シェンマ シンウェン

まとめ

❶「～は何を…しますか」

主語 ＋ 動詞 ＋ 什么 ？
　　　　　　　　　shénme
　　　　　　　　　シェンマ

⇒ 什么 ＋ 対象 ？
　 shénme
　 シェンマ

❷「誰が～」

谁 ＋ ？
Shéi
シェイ

❸「どのように～」

怎么 ＋ ？
zěnme
ヅェンマ

Q 言ってみよう。

❶ メガネはどのように作りますか。

メガネ、(メガネを) 作る
眼镜, 配
yǎnjing　pèi
イエンジィン　ペイ

❷ 誰が銀行へ行きますか。

銀行、行く
银行, 去
yínháng　qù
インハァン　チュイ

❸ あなたは何のお酒を飲みますか。
紹興酒を飲みますか。

お酒、紹興酒
酒, 绍兴酒
jiǔ　Shàoxīngjiǔ
ジウ　シャオシィンジウ

❹ 誰がスマートフォンを使用していますか。

スマートフォン、使用する
智能手机, 用
zhìnéngshǒujī　yòng
デーネゥンショウジー　ヨン

❺ どのように動画を撮りますか。

動画を撮る
拍视频
pāi shìpín
パイ　シーピン

❻ あなたは何を考えているの。

考える
想
xiǎng
シアン

答えと音声を確認しよう

+α ショッピングで使う疑問文

値段を尋ねます。
これはいくらですか。
这个多少钱?
Zhè ge duōshao qián?
ヂョア グァ ドゥオシャオ チエン

道端で果物など買う場合、どんな売り方をしているかを尋ねます。
これはどのように売りますか。
这个怎么卖?
Zhè ge zěnme mài?
ヂョア グァ ヅェンマ マイ

A

❶ **眼镜怎么配?**
Yǎnjing zěnme pèi?
イエンジィン ヅェンマ ペイ

❷ **谁去银行?**
Shéi qù yínháng?
シェイ チュイ インハァン

❸ **你喝什么酒?**   **你喝绍兴酒吗?**
Nǐ hē shénme jiǔ?   Nǐ hē shàoxīngjiǔ ma?
ニイ ホア シェンマ ジウ   ニイ ホア シャオシィンジウ マァ

❹ **谁用智能手机?**
Shéi yòng zhìnéngshǒujī?
シェイ ヨン ヂーネゥンショウジー

❺ **怎么拍视频?**
Zěnme pāi shìpín?
ヅェンマ パイ シーピン

❻ **你想什么?**
Nǐ xiǎng shénme?
ニイ シアン シェンマ

12 選択疑問文

君はお茶を飲む、それともビールを飲むの。
お茶を飲みます。

你喝茶还是喝啤酒？ 喝茶。
Nǐ hē chá háishi hē píjiǔ?　　Hē chá.
ニイ　ホア　チャア　ハイシー　ホア　ピィジウ　　ホア　チャア

これだけ

疑問「～ですか、それとも…ですか」

　　選択A　＋　还是　＋　選択B　？
　　　　　　　　háishi
　　　　　　　　ハイシー

＊答えは選択内容を言う。

　　選択A　。／　選択B　。

Q 言ってみよう。

❶ 彼らは杭州（こうしゅう）へ行きますか、
　それとも蘇州（そしゅう）へ行きますか。

杭州、蘇州
杭州 , 苏州
Hángzhōu　Sūzhōu
ハァンヂョウ　スゥヂョウ

❷ あなたはギョーザを作るの、または
　ショーロンポーを作るの。

ギョーザ、ショーロンポー、作る
饺子 , 小笼包 , 做
jiǎozi　xiǎolóngbāo　zuò
ジアオヅー　シアオロォンパオ　ヅゥオ

❸ あなたはタンタンメンを食べますか、
　それともシュウマイを食べますか。

タンタンメン、シュウマイ
担担面 , 烧卖
dàndànmiàn　shāomai
ダンダンミエン　シャオマイ

答えと音声を確認しよう

もっと1

"还是"直後の"是"は不要。

是 [選択A] + 还是 + ~~是~~ [選択B] ?
shi / シー　　　　háishi / ハイシー　　shi / シー

これはウーロン茶ですか、それともジャスミン茶ですか。

这 是 乌龙茶 还是 茉莉花茶？
Zhè shì wūlóngchá háishi mòlihuāchá?
ヂョァ シー ウゥロオンチャア ハイシー モォリィホアチャア

×这是乌龙茶还是**是**茉莉花茶？

もっと2

文と文の選択疑問文

[選択A] 文 + 还是 + [選択B] 文 ?
　　　　　　　　háishi
　　　　　　　　ハイシー

慶太が行くの、または大樹が行くの。

庆太 去 还是 大树 去？
Qìngtài qù háishi Dàshù qù?
チィンタイ チュイ ハイシー ダァシュウ チュイ

A

❶ **他们去杭州还是去苏州？**
Tāmen qù Hángzhōu háishi qù Sūzhōu?
ターメン チュイ ハァンヂョウ ハイシー チュイ スゥヂョウ

❷ **你做饺子还是做小笼包？**
Nǐ zuò jiǎozi háishi zuò xiǎolóngbāo?
ニィ ヅゥオ ジアオズー ハイシー ヅゥオ シアオロォンバオ

❸ **你吃担担面还是吃烧卖？**
Nǐ chī dāndānmiàn háishi chī shāomai?
ニィ チー ダンダンミエン ハイシー チー シャオマイ

選択疑問文

まとめ

❶ 疑問「〜ですか、それとも…ですか」

| 選択A | + | 还是 | + | 選択B | ？ |

háishi
ハイシー

＊答えは選択内容を言う。

| 選択A | 。 / | 選択B | 。

❷ "还是"直後の"是"は不要。

háishi　　　　shi
ハイシー　　　シー

| 是 | 選択A | + | 还是 | + | ~~是~~ | 選択B | ？ |

shi　　　　　　　háishi　　　~~shi~~
シー　　　　　　ハイシー　　~~シー~~

❸ 文と文の選択疑問文

| 選択A | 文 + | 还是 | + | 選択B | 文 ？ |

háishi
ハイシー

Q 言ってみよう。

CD 21

❶ あなたは鶏肉を食べるのが好きですか、それとも豚肉を食べるのが好きですか。

鶏肉、好き、豚肉
鸡肉 , 喜欢 , 猪肉
jīròu　xǐhuan　zhūròu
シーロウ　シィホワン　デュウロウォウ

❷ あなたが来ますか、それともあなたのお母さんが来ますか。

あなたのお母さん
你妈妈
nǐ māma
ニィ マァマァ

❸ あなたは日本人ですか、それとも韓国人ですか。

日本人、韓国人
日本人 , 韩国人
Rìběnrén　Hánguórén
リーベンロェン　ハングゥオロェン

❹ 王(ワン)くんは音楽を聞くの、またはラジオを聞くの。

王くん、音楽を聞く、ラジオを聞く
小王 , 听音乐 , 听广播
Xiǎo Wáng tīng yīnyuè tīng guǎngbō
シアオ ワン ティン イィンユエ ティン グアンボォ

❺ あなたは風景を見るのが好きですか、それとも物を食べるの。

風景を見る、物を食べる
看风景 , 吃东西
kàn fēngjǐng　chī dōngxi
カン フォンジィン　チー ドォンシィ

❻ あなたはメールを送りますか、それとも電話をかけますか。

メールを送る、電話をかける
发邮件 , 打电话
fā yóujiàn　dǎ diànhuà
ファア ヨウジエン　ダァ ディエンホア

答えと音声を確認しよう

+α 疑問文でない普通の文で、「または」は"或者"

疑問文でない普通の文で「または」と言いたいときは、"或者"を使います。

A ＋ 或者 ＋ B
　　　huòzhě
　　　ホゥオヂョア

彼は自転車に乗ったり、または車を運転したりする。
他 有时 骑 自行车 或者 有时 开车。
Tā yǒushí qí zìxíngchē huòzhe yǒushí kāichē.
タァ ヨウシー チィ ヅーシィンチョア ホゥオヂョア ヨウシー カイチョア

A

❶ 你喜欢吃鸡肉还是喜欢吃猪肉？
Nǐ xǐhuan chī jīròu háishi xǐhuan chī zhūròu?
ニィ シィホワン チー ジーロゥウ ハイシー シィホワン チー ヂュウロゥウ

❷ 你来还是你妈妈来？
Nǐ lái háisi nǐ māma lái?
ニィ ライ ハイシー ニィ マァマァ ライ

❸ 你是日本人还是韩国人？
Nǐ shi Rìběnrén háishi Hánguórén?
ニィ シー リーベンロェン ハイシー ハングゥオロェン

❹ 小王听音乐还是听广播？
Xiǎo Wáng tīng yīnyuè háishi tīng guǎngbō?
シアオ ワァン ティン イィンユエ ハイシー ティン グアンボォ

❺ 你喜欢看风景还是吃东西？
Nǐ xǐhuan kàn fēngjǐng háishi chī dōngxi?
ニィ シィホワン カン フォンジィン ハイシー チー ドォンシィ

❻ 你发邮件还是打电话？
Nǐ fā yóujiàn háishi dǎ diànhuà?
ニィ ファア ヨウジエン ハイシー ダァ ディエンホア

選択疑問文

13 副詞

彼らも万里の長城へ行きます。

他们 也 去 长城。
Tāmen yě qù Chángchéng.
タァメン　イエ　チュィ　チャアンチョン

これだけ

「〜も」など副詞
　　副詞　＋　動詞

Q 言ってみよう。

❶ 私たちも故宮へ行きます。

故宮
故宫
Gùgōng
グゥゴォン

❷ ジャッキーチェンもアメリカ人ですか。

ジャッキー・チェン、アメリカ人
成龙，美国人
Chénglóng　Měiguórén
チョンロォン　メイグゥオロェン

❸ 私たちも北京ダックを食べるのが好きです。

北京ダック
北京烤鸭
Běijīng　kǎoyā
ベイジィン　カオヤァ

答えと音声を確認しよう

もっと1

「みんな」

都 + 動詞？
dōu
ドウー

彼らはみんな万里の長城へ行きます。

他们 都 去 长城。
Tāmen dōu qù Chángchéng.
タァメン ドウ チュイ チャアンチョン

もっと2

「〜も…しない」

也 + 不 + 動詞
yě　　bù
イエ　　ブゥ

彼らも万里の長城には行きません。

他们 也 不 去 长城。
Tāmen yě bú qù Chángchéng.
タァメン イエ ブゥ チュイ チャアンチョン

A

❶ 我们也去故宫。
Wǒmen yě qù Gùgōng.
ウオメン イエ チュイ グゥゴォン

❷ 成龙也是美国人吗？
Chénglóng yě shì Měiguórén ma?
チョンロオン イエ シー メイグゥオロェン マァ

❸ 我们也喜欢吃北京烤鸭。
Wǒmen yě xǐhuan chī Běijīng kǎoyā.
ウオメン イエ シィホワン チー ベイジン カオヤァ

副詞

まとめ

❶ 「～も」など副詞

　　副詞　＋　動詞

❷ 「みんな」

　　都　＋　動詞　？
　　dōu
　　ブゥ

❸ 「～も…しない」

　　也　＋　不　＋　動詞
　　yě　　　bù
　　イエ　　ブゥ

Q 言ってみよう。

❶ 彼らみな火鍋を食べるのが好きです。

火鍋
火锅
huǒguō
ホゥオグゥオ

❷ 彼も知らない。

知っている
知道
zhīdao
ヂーダオ

❸ 学生たちは全員香港旅行にいきます。

学生たち、香港旅行
学生们，香港旅游
xuéshengmen Xiānggǎng lǚyóu
シュエションメン　シアンガァン　リュィヨウ

❹ あなたたちも皇居を見学するのですか。

皇居、見学する
皇居，参观
Huángjū　cānguān
ホアンジュィ　ツァングワン

❺ 同僚たちは全員鈴木部長を尊敬しています。

同僚たち、鈴木部長、尊敬する
同事们，铃木部长，崇拜
tóngshìmen Língmù bùzhǎng chóngbài
トンシーメン　リィンムゥ　ブゥヂァン　チォンバイ

❻ サンラータンも郭先生の得意料理です。

サンラータン、郭先生、得意料理
酸辣汤，郭老师，拿手菜
suānlàtāng Guō lǎoshī náshǒucài
スワンラァタァン　グゥオ　ラオシー　ナァショウツァイ

答えと音声を確認しよう

+α "都"の全否定と部分否定

全否定「すべて〜ではない」と、部分否定「すべて〜というわけではない」は、副詞"都"と"不"の語順の違いで表します。

dōu ドウ
bù ブゥ

すべて〜でない

都 + 不 + 動詞
dōu bù
ドウ ブゥ

彼らみんな万里の長城に行きません。

他们 都 不 去 长城。
Tāmen dōu bú qù Chángchéng.
タァメン ドウ ブゥ チュィ チャアンチョン

すべて〜というわけでない

不 + 都 + 動詞
bù dōu
ブゥ ドウ

彼らすべて万里の長城に行くわけでない。

他们 不 都 去 长城。
Tāmen bù dōu qù Chángchéng.
タァメン ブゥ ドウ チュィ チャアンチョン

A

❶ 他们都喜欢吃火锅。
Tāmen dōu xǐhuan chī huǒguō.
タァメン ドウ シィホワン チー ホゥオグゥオ

❷ 他也不知道。
Tā yě bù zhīdao.
タァ イエ ブゥ ヂーダオ

❸ 学生们都去香港旅游。
Xuéshengmen dōu qù Xiānggǎng lǚyóu.
シュエションメン ドウ チュィ シアンガァン リュィヨウ

❹ 你们也参观皇居吗?
Nǐmen yě cānguān Huángjū ma?
ニィメン イエ ツァングゥワン ホアンジュィ マァ

❺ 同事们都崇拜铃木部长。
Tóngshìmen dōu chóngbài Língmù bùzhǎng.
トォンシーメン ドウ チョンバイ リィンムゥ ブゥヂァン

❻ 酸辣汤也是郭老师的拿手菜。
Suānlàtāng yě shì Guō lǎoshī de náshǒucài.
スワンラァタァン イエ シー グゥオ ラオシー ドァ ナァショウツァイ

14 前置詞

天安門は地下鉄の駅まで近い。

天安门 离 地铁站 很 近。
Tiān'ānmén lí dìtiězhàn hěn jìn.
ティエンアンメン　リィ　ディーティエヂャン　ヘン　ジン

これだけ

「Aは（場所）までBです」
A ＋ 离 ＋ 場所 ＋ B（状態性）
　　　 lí
　　　 リィ

「Aは（場所）からBする」
A ＋ 从 ＋ 場所 ＋ B（動作性）
　　　 cóng
　　　 ツォン

彼は天安門から出発する。
他 从 天安门 出发。
Tā cóng Tiān'ānmén chūfā.
タァ ツォン ティエンアンメン チュウファア

Q 言ってみよう。

❶ 彼は頤和園（いわえん）から戻ってきます。

頤和園、戻って来る
颐和园 , 回来
Yíhéyuán　　huílai
イィホァユエン　ホゥイライ

❷ 私の家は学校まで遠くありません。

私の家、学校、遠い
我家 , 学校 , 远
wǒ jiā　　xuéxiào　　yuǎn
ウオ ジア　シュエシアオ　ユエン

❸ 袁（ユエン）先生は大連から帰って来ます。

袁先生、大連、帰って来る
袁老师 , 大连 , 回来
Yuán lǎoshī　Dàlián　huílai
ユエン ラオシー　ダァリエン　ホゥイライ

答えと音声を確認しよう

もっと1 「〜から…まで」

从 + 場所 + 到 + 場所
cóng　　　　　　dào
ツォン　　　　　　ダオ

天安門から地下鉄の駅までどうやって行きますか。
从 天安门 到 地铁站 怎么 走?
Cóng Tiān'ānmén dào dìtiězhàn zěnme zǒu?
ツォン ティエンアンメン ダオ ディーティエヂャン ヅェンマ ヅォウ

もっと2 「〜に（向かって）」/「〜で」

往 / 在 + 場所 / 方向
wǎng　zài
ワァン　ヅァイ

右に（向かって）曲がると天安門です。
往 右 拐 就 是 天安门。
Wǎng yòu guǎi jiù shì Tiān'ānmén.
ワァン ヨウ グワイ ジウ シー ティエンアンメン

私たちは天安門で写真を撮る
我们 在 天安门 拍照。
Wǒmen zài Tiān'ānmén pāizhào.
ウオメン ヅァイ ティエンアンメン パイヂャオ

A

❶ **他从颐和园回来。**
Tā cóng Yíhéyuán huílái.
タァ ツォン イィホアユエン ホゥイライ

❷ **我家离学校不远。**
Wǒ jiā lí xuéxiào bù yuǎn.
ウオ ジア リィ シュエシアオ ブゥ ユエン

❸ **袁老师从大连回来。**
Yuán lǎoshī cóng Dàlián huílái.
ユエン ラオシー ツォン ダァリエン ホゥイライ

前置詞

まとめ

❶ 「Aは（場所）までBです」

A ＋ 离 ＋ 場所 ＋ B（状態性）
　　　＝
　　　リィ

「Aは（場所）からBする」

A ＋ 从 ＋ 場所 ＋ B（動作性）
　　　cóng
　　　ツォン

❷ 「～から…まで」

从 ＋ 場所 ＋ 到 ＋ 場所
cóng　　　　　　dào
ツォン　　　　　ダオ

❸ 「～に（向かって）」／「～で」

往 ／ 在 ＋ 場所 ／ 方向
wǎng　zài
ブゥ　　シアン

Q 言ってみよう。

❶ ホテルからバス停までどうやって行きますか。

ホテル、バス停
酒店, 车站
jiǔdiàn　chēzhàn
ジウディエン　チョァチャン

❷ まっすぐ行って左に曲がります。

まっすぐ行く、左、曲がる
一直走, 左, 拐
yìzhí zǒu　zuǒ　guǎi
イィヂー　ヅォウ　グワイ

❸ 私はシーダンでショッピングします。

シーダン、ショッピングする
西单, 逛街
Xīdān　guàngjiē
シーダン　グアンジエ

❹ 彼は今から日本語の勉強を始めます。

今から、日本語の勉強を始める
从现在, 开始学习日语
cóng xiànzài kāishǐ xuéxí Rìyǔ
ツォン シエンヅァイ カイシー シュエシィ リーユィ

❺ たくさんの外国人観光客は老舎茶館で出し物を見ます。

たくさんの外国人観光客、老舎茶館、出し物
很多外国游客, 老舍茶馆, 表演
hěn duō wàiguó yóukè Lǎoshě cháguǎn biǎoyǎn
ヘン ドゥオ ワイグゥオ ヨウクァ ラオショアチァグワン ビアオイエン

❻ 私の家は会社まで遠くない。

私の家、会社、遠くない
我家, 公司, 不远
wǒ jiā　gōngsī　bù yuǎn
ウオ ジア　ゴンスー　ブゥユエン

答えと音声を確認しよう

+α 中国語の前置詞「介詞」

「介詞」は名詞などと結びつき、一般的動詞や形容詞の前に置かれます。

天安门 <u>离</u> <u>地铁站</u> <u>很近</u>。
　　　介詞　名詞　形容詞

多くの介詞は、動詞から出来たものなので、動詞としても使われます。

他在北京动物园。（彼は北京動物園にいます）
Tā zài Běijīng dòngwùyuán.
タァ ヅァイ ベイジン ドォンウゥユエン

他在北京动物园看熊猫。（彼は北京動物園でパンダを見ます）
Tā zài Běijīng dòngwùyuán kàn xióngmāo.
タァ ヅァイ ベイジン ドォンウゥユエン カン シオンマオ

A

❶ 从酒店到车站怎么走？
Cóng jiǔdiàn dào chēzhàn zěnme zǒu?
ツォン ジウディエン ダオ チョアヂャン ヅェンマ ヅォウ

❷ 一直走往左拐。
Yìzhí zǒu wǎng zuǒ guǎi.
イィヂー ヅォウ ワァン ヅゥオ グワイ

❸ 我在西单逛街。
Wǒ zài Xīdān guàngjiē.
ウオ ヅァイ シーダン グアンジエ

❹ 他从现在开始学习日语。
Tā cóng xiànzài kāishǐ xuéxí Rìyǔ.
タァ ツォン シエンヅァイ カイシー シュェシィ リーユィ

❺ 很多外国游客在老舍茶馆看表演。
Hěn duō wàiguó yóukè zài Lǎoshě cháguǎn kàn biǎoyǎn.
ヘン ドゥオ ワイグゥオ ヨウクァ ヅァイ ラオショァ チァアグゥワン カン ビアオイエン

❻ 我家离公司不远。
Wǒ jiā lí gōngsī bù yuǎn.
ウオ ジア リィ ゴンスー ブゥ ユエン

15 量詞・数

私は3枚の入場券を持っています。

我有三张门票。
Wǒ yǒu sān zhāng ménpiào.
ウオ ヨウ サン ヂャアン メンピアオ

これだけ

一, 二, 三, 四, 五, 六, 七, 八, 九, 十
yī　èr　sān　sì　wǔ　liù　qī　bā　jiǔ　shí
イィ　アル　サン　スー　ウゥ　リウ　チィ　パァ　ジウ　シー

十一, 二十, 一百, 一千, 一万
shíyī　èrshí　yìbǎi　yìqiān　yíwàn
シーイィ　アルシー　イィパイ　イィチエン　イィワン

「～枚」は、"张"を使います。
　　　　　　　zhāng
　　　　　　　ヂャアン

数 ＋ 量詞（助数詞） ＋ 名詞

＊ほかに、「～個」を指す「个」、「～冊」を指す「本」を覚えておくと便利。
　　　　　　　　　　　　　ge　　　　　　　　　　　　běn
　　　　　　　　　　　　　グァ　　　　　　　　　　　　ベン

Q 言ってみよう。

❶ 私は5枚の列車の切符を持っています。

> 5枚、列車の切符
> **五张, 火车票**
> wǔ zhāng huǒchēpiào
> ウゥ ヂャアン ホゥオチョアピアオ

❷ 私は3個のリンゴを買います。

> 買う、リンゴ
> **买, 苹果**
> mǎi　píngguǒ
> マイ　ピィングゥオ

❸ 友美は1冊の本を読みます。

> 読む、1冊の本、友美
> **读, 一本书, 友美**
> dú　yì běn shū　Yǒuměi
> ドゥ　イィ ベン シュウ　ヨウメイ

答えと音声を確認しよう

もっと1

量詞を使うとき、"二"は"两"に。
ér liǎngi
アル リアン

两 ＋ 量詞 ＋ 名詞
liǎng
リアン

× **二 ＋ 量詞 ＋ 名詞** とは言わない。
ér
アル

私は2枚の入場券を持っています。
我有两张门票。
Wǒ yǒu liǎng zhāng ménpiào.
ウオ ヨウ リアン ヂャアン メンピアオ

もっと2

西暦、日時、曜日は、並んでいる数字を1つずつ読む。

2000年8月21日10時21分。
二〇〇〇年八月二十一号十点二十一分。
Èrlínglínglíng nián bā yuè èrshíyī hào shí diǎn èrshíyī fēn.
アルリィンリィンリィン ニエン バァ ユエ アルシーイィ ハオ シー ディエン アルシーイィ フェン

月、火、水、木、金、土、日。
星期一、星期二、星期三、星期四、星期五、星期六、星期天／星期日。
Xīngqīyī xīngqī'èr xīngqīsān xīngqīsì xīngqī wǔ xīngqīliù xīngqītiān xīngqīrì.
シィンチーイィ シィンチーアル シィンチーサン シィンチースー シィンチーウゥ シィンチーリウ シィンチーティエン シィンチーリー

今年は2014年です。
今年是二〇一四年。
Jīnnián shì èrlíngyīsì nián.
ジンニエン シー アルリィンイィスー ニェン

今日は8月21日水曜日です。
今天八月二十一号星期三。
Jīntiān bā yuè èrshi'yī hào xīngqīsān.
ジンティエン バァ ユエ アルシーイィ ハオ シィンチィサン

A

❶ **我有五张火车票。**
Wǒ yǒu wǔ zhāng huǒchēpiào.
ウオ ヨウ ウゥ ヂャアン ホゥオチョァピアオ

❷ **我买三个苹果。**
Wǒ mǎi sān ge píngguǒ.
ウオ マイ サンゲァ ピィングゥオ

❸ **友美读一本书。**
Yǒuměi dú yì běn shū.
ヨウメイ ドゥ イィ ベン シュウ

まとめ

❶ 一, 二, 三, 四, 五, 六, 七, 八, 九, 十, 十一, 二十, 一百, 一千, 一万
yī, èr, sān, sì, wǔ, liù, qī, bā, jiǔ, shí, shíyī, èrshí, yìbǎi, yìqiān, yíwàn
イィ, アル, サン, スー, ウゥ, リウ, チィ, パァ, ジウ, シー, シーイィ, アルシー, イィパイ, イィチエン, イィワン

数+量詞（助数詞）+名詞

＊「～枚」は、"张"を使います。
zhāng
チャアン

❷ 量詞を使うとき、"二"は"两"に。
èr   liǎng
アル   リアン

两 + 量詞 + 名詞
liǎng
リアン

× 二 + 量詞 + 名詞 とは言わない。
èr
アル

❸ 西暦、日時、曜日は、並んでいる数字を1つずつ読む。

Q 言ってみよう。

❶ 私は2本のビールが欲しい。

欲しい、本（瓶の量詞）、ビール
要, 瓶, 啤酒
yào píng píjiǔ
ヤオ ピィン ピィジウ

❷ 今11時25分です。

今
现在
xiànzài
シエンヅァイ

❸ 昨日は水曜日です。

昨日、水曜日
昨天, 星期三
zuótiān xīngqīsān
ヅゥオティエン シィンチィサン

❹ 明後日は2月8日です。

明後日、2月8日
后天, 二月八号
hòutiān èr yuè bā hào
ホウティエン アル ユエ パァ ハオ

❺ 私は用事が1件ある。

1件、用事
一件, 事情
yíjiàn shìqing
イージェン シーチン

❻ 教室の中に椅子3脚あります。

教室の中、椅子3脚
教室里, 三把椅子
jiàoshìli sān bǎ yǐzi
ジァオシーリー サン パー イーズ

答えと音声を確認しよう

+α

0が最後に来るときは読みません。また、数字の間で0が複数続いているときは1つ読むだけで、後は省略します。以下、（ ）内が省略できます。

120＝一百二（十）
yībǎi èr　(shí)
イィバイ アル　シー

102＝一百零二
yībǎi líng èr
イィバイ リィン アル

8500＝八千五（百）
bāqiān wǔ　bǎi
バァチエン ウゥ　バイ

8005＝八千零五
bāqiān líng wǔ
バァチエン リィン ウゥ

A

❶ 我要两瓶啤酒。
Wǒ yào liǎng píng píjiǔ.
ウオ ヤオ リアン ピィン ピィジウ

❷ 现在十一点二十五分。
Xiànzài shíyī diǎn èrshiwǔ fēn.
シエンヅァイ シーイィ ディエン アルシーウゥ フェン

❸ 昨天星期三。
Zuótiān xīngqīsān.
ヅゥオティエン シィンチーサン

❹ 后天二月八号。
Hòutiān èr yuè bā hào.
ホウティエン アル ユエ バァ ハオ

❺ 我有一件事情。
Wǒ yǒu yí jiàn shìqing.
ウオ ヨウ イージェン　シーチン

❻ 教室里有三把椅子。
Jiàoshili yǒu sān bǎ yǐzi.
ジァオシーリー ヨウ サン バー イーズ

まとめのドリル 3

1 ピンインと日本語を読み、簡体字で書いてみよう。

① Nǐ hē shénme jiǔ?（あなたはどんなお酒を飲みますか）

② Zhè shì wūlóngchá háishi lǜchá?（これはウーロン茶、それとも緑茶なの）

③ Xuéshēngmen yě qù Chángchéng.（学生たちも万里の長城へ行きます）

④ Tiān'ānmén lí dìtiězhàn hěn jìn.（天安門は地下鉄の駅まで近いです）

⑤ Wǒ yǒu liǎng zhāng ménpiào.（私は２枚の入場券を持っています）

2 語句を並べ替え、文を作ってみよう。

① あなたは何の料理を食べますか。（菜, 你, 什么, 吃）
　　　　　　　　　　　　　　　　　cài　nǐ　shénme　chī

② 彼は音楽を聞くの、それともテレビを見るの。（音乐, 还是, 听, 电视, 他, 看）
　　　　　　　　　　　　　　　　　　　　　　yīnyuè háishi tīng diànshì tā kàn

③ 私もデジタルカメラを持っています。（有, 也, 我, 数码相机）
　　　　　　　　　　　　　　　　　　yǒu　yě　wǒ　shùmǎxiàngjī

④ 私の家は、駅から遠くありません。（离, 车站, 不, 远, 我家）
　　　　　　　　　　　　　　　　　lí　chēzhàn　bù　yuǎn　wǒ jiā

⑤ 彼女は２冊の本を買います。（两本, 她, 买, 书）
　　　　　　　　　　　　　　liǎng běn　tā　mǎi　shū

3 [ ] の中から1つを選んで、文を完成してみよう。

[件　什么　也　还是　往]
　jiàn　shénme　yě　háishi　wǎng

1. 今天有（　　）电视节目？（今日は何のテレビ番組がありますか）
   Jīntiān yǒu　　　diànshì jiémù?

2. 她骑自行车（　　）开车？（彼女は自転車に乗りますか、または車を運転しますか）
   Tā qí zìxíngchē　　　kāichē?

3. 同学们（　　）支持你。（クラスメートたちもあなたを応援しています）
   Tóngxuémen　　　zhīchí nǐ.

4. （　　）左拐就是天安门。（左へ曲がると天安門です）
   　　zuǒ guǎi jiù shi Tiān'ānmén.

5. 我有一（　　）很重要的事情。（私には1つ重要な事があります）
   Wǒ yǒu yí　　　hěn zhòngyào de shìqing.

4 中国語で言ってみよう。

1. 誰が携帯を買いますか。

2. あなたが行くの、それとも彼が行くの。

3. クラスメートたちはみんなギョーザを食べるのが好きです。

4. 会社から学校までどうやって行きますか。

5. 私は2個のリンゴを買います。

こたえ

1 ①你喝什么酒？ ②这是乌龙茶还是绿茶？ ③学生们也去长城。 ④天安门离地铁站很近。
　　⑤我有两张门票。

2 ①你吃什么菜？ ②他听音乐还是看电视？ ③我也有数码相机。 ④我家离车站不远。
　　⑤她买两本书。

3 ①什么 ②还是 ③也 ④往 ⑤件

4 ①谁买手机？ ②你去还是他去？ ③同学们都喜欢吃饺子。 ④从公司到学校怎么走？
　　Shéi mǎi shǒujī?　　Nǐ qù háishi tā qù?　　Tóngxuémen dōu xǐhuan chī jiǎozi.　　Cóng gōngsī dào xuéxiào zěnme zǒu?
　　⑤我买两个苹果。
　　Wǒ mǎi liǎng ge píngguǒ.

コラム3

時間の感覚

　中国語で"不見不散。(Bú jiàn bú sàn)"という表現があります。「会えないのなら散らばらない」、つまり「会うまで去らない」という意味です。

　中国人と約束をすると、時間の感覚の違いに驚きます。9時の約束なのに、9時半にようやくそろったということは、よくあります。そんな中国人の時間感覚に、初めは戸惑いましたが、そのうち「気楽でいいな」と感じ始めました。時間通り集まらないことを前提に、待っている間に読めるかもと本を用意しますし、渋滞に巻き込まれても「どうせみんなも遅いだろうから」と、イライラせずにすみます。

　逆に中国人は、日本人の時間の正確さに驚くそうです。日本人が5分の遅刻で「ごめん、ちょっと遅れる」とわざわざメールすることが理解できないそうです。5分以内なら、中国人の感覚では「時間通り」の範囲内なのですから。

　ただ、さすがにこのような時間の感覚で仕事をすると困ったことになるので、ある中国の日系企業では、遅刻に罰金が課せられていました。また、ある大学の日本語科では、学生が遅刻するたびに、その日の本文を暗唱してくるよう決められているそうです。しかし、先生もその規則の例外ではないとのこと。「私は、ここ最近毎週暗唱しているのよね」と、そこで教えている中国人の友人が、苦笑いしながら言っていました。

STEP 4

16 可能

あなたは中国語を話せますか。　少し話せるよ。

你 会 说 中文 吗？　会 说 一点儿。
Nǐ huì shuō Zhōngwén ma?　Huì shuō yìdiǎnr.
ニィ ホゥイ シュオ ヂォンウェン マァ　ホゥイ シュオ イィディアー

これだけ

「(学んで) 〜できます」

会　＋　動詞
hui
ホゥイ

「少し〜」

動詞　＋　一点儿
　　　　　　yìdiǎnr
　　　　　　イィディアー

Q 言ってみよう。

① あなたは英語を話せますか。少し話せるよ。

英語
英语
Yīngyǔ
イィンユィ

② 私は中国の歌を歌えます。

歌う、中国の歌
唱，中文歌
chàng　Zhōngwéngē.
チャアン ヂォンウェングァ

③ リン・チーリンは日本語が話せます。

リンチーリン、日本語
林志玲，日语
Lin Zhiling　Rìyǔ
リン デーリィン　リーユィ

答えと音声を確認しよう

「（能力があって）できます」

能 ＋ 動詞
néng
ネゥン

私は中国語の新聞が読めます。
我 能 看 中文报。
Wǒ néng kàn Zhōngwénbào.
ウォ ネゥン カン ヂォンウェンバオ

私は30km歩けます。
我 能 走 三十 公里。
Wǒ néng zǒu sānshi gōnglǐ.
ウォ ネゥン ヅォウ サンシー ゴォンリィ

※ある条件や範囲内でできることも含みます。

可能 16

許可の「～できます」

可以 ＋ 動詞
kěyǐ
クァイィ

ここで電話をかけていいです。
这里 可以 打 电话。
Zhèli kěyǐ dǎ diànhuà.
ヂョァリー クァイィ ダァ ディエンホア

→

ここで電話をかけていいですか。
这里 可以 打 电话 吗?
Zhèli kěyǐ dǎ diànhuà ma?
ヂョァリー クァイィ ダァ ディエンホア マァ

A

❶ **你会说英语吗?　会说一点儿。**
Nǐ huì shuō Yīngyǔ ma?　Huì shuō yìdiǎnr.
ニィ ホォイ シュオ イィンユィ マァ　ホォイ シュオ イィディアー

❷ **我会唱中文歌。**
Wǒ huì chàng Zhōngwéngē.
ウォ ホォイ チャアン ヂォンウェングァ

❸ **林志玲会说日语。**
Lín zhìlín huì shuō Rìyǔ.
リン ヂーリィン ホォイ シュオ リーユィ

まとめ

❶「(学んで) 〜できます」
会 + 動詞
huì
ホゥイ

❷「(能力があって) できます」
能 + 動詞
néng
ネゥン

❸ 許可の「〜できます」
可以 + 動詞
kěyǐ
ク ァ イ イ

Q 言ってみよう。

❶ 小田さんは3杯のビールを飲めます。

小田さん、飲む、3杯のビール
小田，喝，三杯啤酒
Xiǎotián hē sān bēi píjiǔ
シアオティエン ホァ サン ベイ ピィジウ

❷ 風男(フォンナン)は世界進出できる。

風男、世界進出する
风男，走向世界
Fēngnán zǒuxiàng shìjiè
フォンナン ヅォウシアン シージエ

❸ ここでタバコを吸ってもいいですか。

タバコ
抽烟
chōuyān
チョウイエン

❹ このお店は値段の掛け合いをしてもいいですか。(許可)

このお店、値段の掛け合い
这家商店，讨价还价
zhè jiā shāngdiàn tǎojiàhuánjià
ヂョァ ジア シャアンディエン タオジアホワンジア

❺ 私は(練習して)泳げます。

泳ぐ
游泳
yóuyǒng
ヨウヨン

❻ 私は500メートル泳げます。

500メートル泳ぐ
游五百米
yóu wǔbǎi mǐ
ヨウ ウゥバイ ミィ

答えと音声を確認しよう

+α 可能表現使い分け

他会开车，但是今天没带驾驶证，他不能开车。
Tā huì kāichē, dànshì jīntiān méi dài jiàshǐzhèng, tā bù néng kāichē.
タア ホゥイ カイチョア ダンシー ジンティエン メイ ダイ ジアシーヂョン タア ブゥ ネゥン カイチョア

（彼は車を運転できます。しかし今日は免許証を持っていないので、車を運転することができません）

「車を運転する」ことは学習してできることなので通常は"会"を使います。しかし「免許証を持っていない」という条件のもとでは「車を運転する」ことはできません。この場合は"能"を使います。

这里不可以开车，所以他不能开车。
Zhèli bù kěyǐ kāichē, suǒyǐ tā bù néng kāichē.
ヂョアリィ ブゥ クァイィ カイチョア スゥオイィ タア ブゥ ネゥン カイチョア

（ここでは車を運転できません。だから彼は車を運転できません）

A

❶ 小田能喝三杯啤酒。
Xiǎotián néng hē sān bēi píjiǔ.
シアオティエン ネゥン ホァ サン ベイ ピィジウ

❷ 风男能走向世界。
Fēngnán néng zǒuxiàng shìjiè.
フォンナン ネゥン ヅォウシアン シージエ

❸ 这里可以抽烟吗?
Zhèli kěyǐ chōuyān ma?
ヂョアリー クァイィ チョウイエン マァ

❹ 这家商店可以讨价还价吗?
Zhè jiā shāngdiàn kěyǐ tǎojiàhuánjià ma?
ヂョア ジア シャアンディエン クァイィ タオジアホワンジア マァ

❺ 我会游泳。
Wǒ huì yóuyǒng.
ウオ ホォイ ヨウヨン

❻ 我能游五百米。
Wǒ néng yóu wǔbǎi mǐ.
ウオ ネゥン ヨウ ウゥバイ ミィ

17 義務

私は少し頭が痛い。　あなたは薬を飲むべきです。

我 有点儿 头疼。 你 应该 吃 药。
Wǒ yǒudiǎnr tóuténg.　　Nǐ yīnggāi chī yào.
ウオ ヨウディアー トウテゥン　　ニィ イィンガイ チー ヤオ

これだけ

話の流れから「(当然) ～すべきです」

应该　＋　動詞
yīnggāi
イィンガイ

「少し～です」

有点儿　＋　動詞/形容詞
yǒudiǎnr
ヨウディアー

＊ややマイナスの意味になる。

Q 言ってみよう。

❶ あなたは彼に告げるべきです。

告げる
告诉
gàosu
ガオスゥ

＿＿＿＿＿＿＿＿＿＿＿＿＿＿＿＿

❷ 彼は機嫌が悪い。
　あなたは彼を慰めるべきです。

機嫌が悪い、慰める
心情不好, 安慰
xīnqíng bù hǎo　ānwèi
シンチィン ブゥ ハオ　アンウェイ

＿＿＿＿＿＿＿＿＿＿＿＿＿＿＿＿

❸ 今日は少し寒い。
　あなたはコートを着るべきです。

今日、寒い、コートを着る
今天, 冷, 穿外套
jīntiān　lěng　chuān wàitào
ジンティエン レゥン チュワン ワイタオ

＿＿＿＿＿＿＿＿＿＿＿＿＿＿＿＿

答えと音声を確認しよう

もっと1 義務の「〜すべき」と、自発的な「〜する必要がある」

得 / 要 ＋ 動詞
děi / yào
デイ / ヤオ

私は（義務で）薬を飲むべきです。
我得吃药。
Wǒ děi chī yào.
ウオ デイ チー ヤオ

私は薬を飲む必要がありますか。
我要吃药吗?
Wǒ yào chī yào ma?
ウオ ヤオ チー ヤオ マァ

もっと2 "应该"、"得"と"要"の否定

应该 → 不应该　　得　要 → 不用
yīnggāi　bù yīnggāi　děi　yào　bú yòng
イィンガイ　ブゥイィンガイ　デイ　ヤオ　ブゥヨン

薬を飲むべきではありません。
你不应该吃药。
Nǐ bù yīnggāi chī yào.
ニィ ブゥ イィンガイ チー ヤオ

私は薬を飲む必要がありません。
我不用吃药。
Wǒ bú yòng chī yào.
ウオ ブゥ ヨン チー ヤオ

A

❶ **你应该告诉他。**
Nǐ yīnggāi gàosu tā.
ニィ イィンガイ ガオスゥ タァ

❷ **他心情不好。你应该安慰他。**
Tā xīnqíng bù hǎo.　Nǐ yīnggāi ānwèi tā.
タァ シンチィン ブゥ ハオ　ニィ イィンガイ アンウェイ タァ

❸ **今天有点儿冷。你应该穿外套。**
Jīntiān yǒudiǎnr lěng.　Nǐ yīnggāi chuān wàitào.
ジンティエン ヨウディアー レゥン　ニィ イィンガイ チュワン ワイタオ

まとめ

❶ 話の流れから「(当然) ～すべきです」

应该 ＋ 動詞
yīnggāi
イィンガイ

＊「少し～です」。

有点儿 ＋ 動詞／形容詞
yǒudiǎnr
ヨウディアー

＊ややマイナスの意味になります。

❷ 義務の「～すべき」と、自発的な「～する必要がある」

得／要 ＋ 動詞
děi　yào
デイ　ヤオ

❸ "应该"、"得"と"要"の否定

应该 → 不应该　　　得 要 → 不用
yīnggāi　bù yīnggāi　　děi yào　　bú yòng
イィンガイ　ブゥイィンガイ　デイ ヤオ　　ブゥヨン

Q 言ってみよう。

❶ 妊婦さんは (当然) コーヒーを飲むべきではありません。

妊婦、コーヒーを飲む
孕妇，喝咖啡
yùnfù　hē kāfēi
ユィンフゥ　ホァ カァフェイ

❷ あなたは (自発的に) 健康に注意する必要がある。

健康に注意する
注意身体
zhùyì shēntǐ
デュウイィ シェンティ

❸ 私はいくら弁償するべきですか (する義務がありますか)。

いくら、弁償する
多少钱，赔
duōshao qián　péi
ドゥオシャオ チエン　ペイ

❹ あなたは私を心配する必要はない。

心配する
担心
dānxīn
ダンシン

❺ 私はあなたの母親です。
あなたは私を信じるべきです。

あなたの母親、信じる
你妈妈，相信
nǐ māma　xiāngxìn
ニィ マァマァ　シアンシン

❻ あなたは他の事を考える必要はない。

考える、他の事
考虑，别的事情
kǎolǜ　bié de shìqing
カオリュイ　ビエ ドァ シーチィン

答えと音声を確認しよう

+α 「〜かもしれない / 〜はずだ」可能性

「学んでできる」の意の"会"は、強い可能性を表す「〜はずだ」という意でも使います。

明天 不会下雨。
Míngtiān bú huì xiàyǔ.
ミィンティエン ブゥ ホゥイ シア ユィ
(明日雨が降るはずがない)

また、"要"と"得"は、義務表現のほかに「〜はずだ」を表す強い可能の意味もあります。"要"は"会"よりも主観的で、"得"は"会"より断定的です。"得"は副詞"准"(きっと)はよく一緒に使われます。

好朋友一定要参加婚礼。
Hǎo péngyou yídìng yào cānjiā hūnlǐ.
ハオ ポンヨウ イィディン ヤオ ツァンジア ホゥンリィ
(良き友はきっと結婚式に参加するでしょう)

他今天准得来。
Tā jīntiān zhǔn děi lái.
タア ジンティエン ヂュン デイ ライ
(彼は今日きっと来るでしょう)

A

❶ 孕妇不应该喝咖啡。
Yùnfù bù yīnggāi hē kāfēi.
ユィンフゥ ブゥ イィンガイ ホァ カァフェイ

❷ 你要注意身体。
Nǐ yào zhùyì shēntǐ.
ニィ ヤオ ヂュウイィ シェンティ

❸ 我得赔多少钱?
Wǒ děi péi duōshao qián?
ウオ デイ ペイ ドゥオシャオ チエン

❹ 你不用担心我。
Nǐ bú yòng dānxīn wǒ.
ニィ ブゥ ヨン ダンシン ウオ

❺ 我是你妈妈。你应该相信我。
Wǒ shì nǐ māma. Nǐ yīnggāi xiāngxìn wǒ.
ウオ シー ニィ マァマァ ニィ イィンガイ シアンシン ウオ

❻ 你不用考虑别的事情。
Nǐ bú yòng kǎolǜ bié de shìqing.
ニィ ブゥ ヨン カオリュイ ビエ ドァ シーチィン

18 願望

中国の映画を見たい？ とても見たいです。

你想看中国的电影吗？ 我很想看。
Nǐ xiǎng kàn Zhōngguó de diànyǐng ma? Wǒ hěn xiǎng kàn.
ニィ シアン カン ヂォングゥオ ドァ ディエンイィン マァ ウオ ヘン シアン カン

これだけ

願望「〜したい」

想 ＋ 動詞
xiǎng
シアン

＊強調「とても〜したい」

很 ＋ 想 ＋ 動詞
xiǎng xiǎng
ヘン シアン

Q 言ってみよう。

❶ 私はとてもアメリカへ行きたい。

アメリカ
美国
Měiguó
メイグゥオ

❷ 彼女は二胡を学びたがっています。

二胡、学ぶ
二胡, 学
èrhú xué
アルホゥ シュエ

❸ 君は天壇（てんだん）公園に行きたい。
とても行きたいです。

天壇公園
天坛 公园
Tiāntán gōngyuán
ティエンタン ゴォンユエン

答えと音声を確認しよう

もっと1 意志「〜したい」

要 + 動詞
yào
ヤオ

何をお買い求めですか。
你要买什么？
Nǐ yào mǎi shénme?
ニィ ヤオ マイ シェンマ？

電子辞書を買いたいです。
我要买电子词典。
Wǒ yào mǎi diànzǐcídiǎn.
ウオ ヤオ マイ ディエンヅーツーディエン

もっと2 「〜したくない」

不 + 想 + 動詞
bù　　xiǎng
ブゥ　　シアン

私は中国の映画を見たくないです。
我 不 想 看 中国 的 电影。
Wǒ bù xiǎng kàn Zhōngguó de diànyǐng.
ウオ ブゥ シアン カン ヂォングゥオ ドァ ディエンイィン

A

❶ 我很想去美国。
Wǒ hěn xiǎng qù Měiguó.
ウオ ヘン シアン チュィ メイグゥオ

❷ 她想学二胡。
Tā xiǎng xué èrhú.
タァ シアン シュエ アルホゥ

❸ 你想去天坛公园吗？ 我很想去。
Nǐ xiǎng qù Tiāntán gōngyuán ma?　Wǒ hěn xiǎng qù.
ニィ シアン チュィ ティエンタン ゴォンユエン マァ　ウオ ヘン シアン チュィ

まとめ

❶ 願望「〜したい」

想 + 動詞
xiāng
シアン

＊強調「とても〜したい」

很 + 想 + 動詞
hěn xiāng
ヘン シアン

❷ 意志「〜したい」

要 + 動詞
yào
ヤオ

❸「〜したくない」

不 + 想 + 動詞
bù   xiāng
ブゥ シアン

Q 言ってみよう。

❶ 私は鉄観音（てっかんのん）が飲みたい。（"要"を使って）
yào
ヤオ

鉄観音（ウーロン茶の1種）
铁观音
tiěguānyīn
ティエグワンイン

❷ あなたはイギリスに旅行へ行きたいですか。

イギリス旅行に行く
去 英国 旅游
qù Yīngguó lǚyóu
チュイ イィングゥオ リュィヨウ

❸ 私はシャンツァイ（パクチー）を食べたくありません。

シャンツァイ（パクチー）
香菜
xiāngcài
シアンツァイ

❹ 私は注射を打ちたくありません。

注射を打つ
打针
dǎzhēn
ダァヂェン

❺ 私の娘はピアニストになりたがっています。

私の娘、なる、ピアニスト
我女儿, 成为, 钢琴家
wǒ nǚ'ér chéngwéi gāngqínjiā
ウオ ニュィアル チョンウェイ ガァンチンジア

❻ 車を運転したいですか。

車を運転する
开车
kāichē
カイチョァ

答えと音声を確認しよう

+α 更なる願望表現

願望表現には、"想"と"要"以外に、「すすんで〜する」という意の"肯"や、「敢えて〜する」「思い切って〜する」という意の"敢"があります。

他肯帮助同学。 （彼はすすんでクラスメートを助ける）
Tā kěn bāngzhù tóngxué.
タァ ケン バァンヂュウ トォンシュエ

你敢吃蝎子吗？ （思い切ってサソリを食べるの）
Nǐ gǎn chī xiēzi ma?
ニィ ガン チー シエヅー マァ

A

① 我要喝铁观音。
Wǒ yào hē tiěguānyīn.
ウオ ヤオ ホァ ティエグワンイン

② 你想去英国旅游吗？
Nǐ xiǎng qù Yīngguó lǚyóu ma?
ニィ シアン チュイ イィングゥオ リュィヨウ マァ

③ 我不想吃香菜。
Wǒ bù xiǎng chī xiāngcài.
ウオ ブゥ シアン チー シアンツァイ

④ 我不想打针。
Wǒ bù xiǎng dǎzhēn.
ウオ ブゥ シアン ダァヂェン

⑤ 我女儿想成为钢琴家。
Wǒ nǚ'ér xiǎng chéngwéi gāngqínjiā.
ウオ ニュィアル シアン チョンウェイ ガァンチンジア

⑥ 你想开车吗？
Nǐ xiǎng kāichē ma?
ニィ シアン カイチョァ マァ

19 進行

彼女は二胡を弾いています。

她在拉二胡呢。
Tā zài lā èrhú ne.
タァ ヅァイ ラァ アルホゥ ヌァ

これだけ

進行「〜しています」

在 ＋ 動詞 ＋ 呢。
zài　　　　　　　ne
ヅァイ　　　　　　ヌァ

＊"呢"は省略可。"正在"＋ 動詞でも良い。
　　ne　　　　　　　　zhèngzài
　　ヌァ　　　　　　　　ヂョンヅァイ

她在拉二胡呢。　她拉二胡呢。　她正在拉二胡。
Tā zài lā èrhú ne.　Tā lā èrhú ne.　Tā zhèngzài lā èrhú.
タァ ヅァイ ラァ アルホゥ ヌァ　タァ ラァ アルホゥ ヌァ　タァ ヂョンヅァイ ラァ アルホゥ

Q 言ってみよう。

❶ 聖子はピアノを弾いています。
（"在"と"呢"を使って）

聖子、ピアノを弾く
圣子, 弹钢琴
Shèngzǐ tán gāngqín
ションヅー タン ガァンチン

❷ クラスメートたちはテニスをしています。（"在"だけを使って）

クラスメートたち、テニスをする
同学们, 打网球
tóngxuémen dǎ wǎngqiú
トォンシュエメン ダァ ワァンチウ

❸ 圭佑はサッカーをしています。（"正在"を使って）

圭佑、サッカーをする
圭佑, 踢球
Guīyòu tīqiú
グゥイヨウ ティチウ

答えと音声を確認しよう

もっと1

「〜していません」

没（＋在）＋ 動詞。
méi　　 zài
メイ　　 ヅァイ

＊"正"と"呢"は取り、"在"は残しても良い。
　zhèng　ne　　　　zài
　ヂョン　ヌァ　　　ヅァイ

彼女は二胡を弾いていません。

她 没（在）拉 二胡。
Tā méi　zài　lā　èrhú.
タァ メイ　ヅァイ　ラァ アルホゥ

もっと2

「〜していますか」「いいえ」

在 ＋ 動詞 ＋ 吗 ？　　没有。
zài　　　　　　ma　　　Méiyou
ヅァイ　　　　マァ　　　メイヨウ

彼女は二胡を弾いていますか。　　いいえ。

她 在 拉 二胡 吗?　　没有。
Tā zài lā èrhú ma?　　Méiyou.
タァ ヅァイ ラァ アルホゥ マァ　メイヨウ

進行

19

A

❶ 圣子在弹钢琴呢。
Shèngzǐ zài tán gāngqín ne.
ションヅー ヅァイ タン ガァンチン ヌァ

❷ 同学们在打网球。
Tóngxuémen zài dǎ wǎngqiú.
トォンシュェメン ヅァイ ダァ ワァンチウ

❸ 圭佑正在踢球。
Guīyòu zhèngzài tīqiú.
グゥイヨウ ジョンヅァイ ティチウ

まとめ

❶ 進行「〜しています」

在 + 動詞 + 呢 。 ＊"呢"は省略可。"正在"＋動詞でも良い。
zài　　　　　　　ne　　　　　　　　　　　zhèng zài
ヅァイ　　　　　　ヌァ　　　　　　　　　　チョン ヅァイ

❷ 「〜していません」

没 (＋ 在) ＋ 動詞　＊"正"と"呢"は取り、"在"は残しても良い。
méi　　zài　　　　　　　zhèng　　zài　　　　　ne
メイ　　ヅァイ　　　　　　チョン　　ヌァ　　　　ヅァイ

❸ 「〜していますか」「いいえ」

在 ＋ 動詞 ＋ 吗？　没有 。
zài　　　　　　　ma　　　Méiyou.
ヅァイ　　　　　　マァ　　メイヨウ

Q 言ってみよう。

❶ 道子はゲームをしていません。

道子、ゲーム
道子 , 玩儿游戏
Dàozǐ　wánr yóuxì.
ダオヅー ワー ヨウシィ

❷ 彼女は洗濯をしているのですか。　いいえ。

洗濯をする
洗 衣服
xǐ　yīfu
シィ イィフゥ

❸ 彼らはラジオを聞いています。("正在"を使って)

ラジオを聞く
听 收音机
tīng shōuyīnjī
ティン シュオインジィ

❹ 李経理は会議中です。("在"と"呢"を使って)

李経理、会議をする
李经理 , 开会
Lǐ jīnglǐ　　kāihuì
リィ ジンリィ　カイホゥイ

❺ 彼らは離婚手続き中です。("正在"を使って)

離婚手続きをする
办 离婚 手续
bàn líhūn shǒuxù
バン リィホゥン ショウシュィ

❻ 張 (ヂャアン) くんは新聞を読んでいますか。

張くん、新聞を読む
小张 , 看 报纸
Xiǎo Zhāng　kàn bàozhǐ
シアオ ヂャアン カン バオヂー

答えと音声を確認しよう

+α 持続の"着"

"着"はある状態の持続を表します。よって、"着"のある文に"正"や"呢"を加えると、文全体が進行の表現になります。

他正开着车呢。 （彼は車を運転している）
Tā zhèng kāizhe chē ne.
タァ ヂョン カイヂョア チョア ヌァ

日本語では、どちらも「～ている」と訳されますが、進行というより動作を行った結果を表している場合があります。

窗户开着呢。
Chuānghu kāizhe ne.
チュアンホウ カイヂョア ヌァ

（窓が開いている）

我一个人在草地上躺着。
Wǒ yí ge rén zài cǎodishang tǎngzhe.
ウオ イィ グァ ロェン ヅァイ ツァオディーシャアン タァンヂョア

（私は一人芝生の上に寝っ転がっている）

進行

A

❶ 道子没（在）玩儿游戏。
Dàozǐ méi zài wánr yóuxì.
ダオヅー メイ ヅァイ ワー ヨウシィ

❷ 她在洗衣服吗？　没有。
Tā zài xǐ yīfu ma? Méiyou.
タァ ヅァイ シィ イィフウ マァ　メイヨウ

❸ 他们正在听收音机。
Tāmen zhèngzài tīng shōuyīnjī.
タァメン ヂョンヅァイ ティン シュオインジィ

❹ 李经理在开会呢。
Lǐ jīnglǐ zài kāihuì ne.
リィ ジィンリィ ヅァイ カイホゥイ ヌァ

❺ 他们正在办离婚手续。
Tāmen zhèngzài bàn líhūn shǒuxù.
タァメン ヂョンヅァイ バン リィホゥン ショウシュイ

❻ 小张在看报纸吗？
Xiǎo Zhāng zài kàn bàozhǐ ma?
シアオ ヂャアン ヅァイ カン バオヂー マァ

20 完了

昨日私は1箱の龍井（ロンジン）茶を買いました。

昨天 我 买了 一 盒 龙井茶。
Zuótiān wǒ mǎile yì hé lǒngjǐngchá.
ヅゥオティエン ウオ マイルァ イィ ホァ ロオンジィンチャア

これだけ

完了・実現「〜しました」

動詞 ＋ 了 ＋ 目的語 。
　　　　　le
　　　　　ルァ

＊"一盒"は「1箱の」。「チョコレート」"巧克力"、「タバコ」"烟"、「ビスケット」"饼干"、
　　yì hé　　　　　　　　　　　　　qiǎokèlì　　　　　yān　　　　　　bǐnggān
　　イィホァ　　　　　　　　　　　　チアオクァリィ　　イエン　　　　　ビィンガン

「コーヒー」"咖啡"などに使う。
　　　　　　kāfēi
　　　　　　カァフェイ

Q 言ってみよう。

❶ 楊（ヤン）さんは1箱のビスケットを買いました。

楊さん、　　　ビスケット
杨先生，饼干
Yáng xiānsheng bǐnggān
ヤン シエンション　ビィンガン

❷ 私は1通の手紙を書きました。

書く、1通の手紙
写，一封信
xiě yì fēng xìn
シエ　イィ フォン シン

❸ 彼は1杯の炭酸水を飲みました。

1杯、炭酸水
一杯，汽水
yì bēi qìshuǐ
イィ ベイ　チィシュイ

答えと音声を確認しよう

もっと1 「〜しませんでした」

没 + 動詞 + 目的語 。
méi
メイ

昨日私は龍井茶を買いませんでした。
昨天 我 没 买 龙井茶。
Zuótiān wǒ méi mǎi lóngjǐngchá.
ヅゥオティエン ウオ メイ マイ ロォンジィンチャア

もっと2 「〜しましたか」

動詞 + 了 + 目的語 + 吗 ？
　　　　le　　　　　　　ma
　　　　ルァ　　　　　　マァ

昨日あなたは龍井茶を1箱買いましたか。
昨天 你 买了 一 盒 龙井茶 吗?
Zuótiān nǐ mǎile yī hé lóngjǐngchá ma?
ヅゥオティエン ニィ マイルァ イィ ホァ ロォンジィンチャア マァ

完了 20

A

❶ **杨先生买了一盒饼干。**
Yáng xiānsheng mǎile yī hé bǐnggān.
ヤン シエンション マイルァ イィ ホァ ビィンガン

❷ **我写了一封信。**
Wǒ xiěle yī fēng xìn.
ウオ シエルァ イィ フォンシン

❸ **他喝了一杯汽水。**
Tā hēle yī bēi qìshuǐ.
タァ ホァルァ イィ ベイ チィシュイ

095

ま と め

❶ 完了・実現「〜しました」
　　動詞　＋　了　＋　目的語　。
　　　　　　　le
　　　　　　　ルァ

❷「〜しませんでした」
　　没　＋　動詞　＋　目的語　。
　　méi
　　メイ

❸「〜しましたか」
　　動詞　＋　了　＋　目的語　＋　吗　？
　　　　　　　le　　　　　　　　　ma
　　　　　　　ルァ　　　　　　　　マァ

Q 言ってみよう。

❶ 私は部屋を予約しませんでした。
部屋、予約する
房间，订
fángjiān　dìng
ファアンジエン　ディン

❷ 彼女の家では１匹の猫を飼いました。
彼女の家、１匹の猫、飼う
她家，一只猫，养
tā jiā　yì zhī māo　yǎng
タァ ジア　イィ ヂー マオ　ヤン

❸ あなたは手紙を書きましたか。
手紙、書く
写，信
xiě　xìn
シエ　シン

❹ 私の弟は上海の女性を妻にめとりました。
私の弟、上海の女性、めとる
我弟弟，上海姑娘，娶
wǒ dìdi　Shànghǎi gūniang　qǔ
ウオ ディーディー　シャアンハイ グゥニアン　チュィ

❺ ロボットがやって来ました。
ロボット
机器人
jīqìrén
ジィチィロェン

❻ 私は成功を収めました。
成功、収める
成功，取得
chénggōng qǔdé
チョンゴン　チュィドァ

答えと音声を確認しよう

+α 完了表現 "了" のあれこれ

完了表現の "了" を使った文では、具体的なものが目的語には "一盒" のような数詞を使います。使わない場合は、文が後続する感じがします。ただし、疑問文は数詞を入れなくても大丈夫です。

我买了一盒龙井茶。
我买了龙井茶……？？

そのため、数字を入れない場合は、少し具体的にする修飾語句を入れます。

我买了那家店的龙井茶。
Wǒ mǎile nà jiā diàn de lóngjǐngchá.
ウオ マイルァ ナァ ジア ディエン ドァ ロォンジィンチャア

（私はあの店の龍井茶を買いました）

A

❶ 我没订房间。
Wǒ méi dìng fángjiān.
ウオ メイ ディン ファアンジエン

❷ 她家养了一只猫。
Tā jiā yǎngle yi zhī māo.
タァ ジア ヤンルァ イィ ヂー マオ

❸ 你写了信吗?
Nǐ xiěle xìn ma?
ニィ シエルァ シン マァ

❹ 我弟弟娶了上海姑娘。
Wǒ dìdi qǔle Shànghǎi gūniang.
ウオ ディーディー チュィルァ シャアンハイ グゥニアン

❺ 机器人来了。
Jīqìrén láile.
ジィチィロェン ライルァ

❻ 我取得了成功。
Wǒ qǔdéle chénggōng.
ウオ チュィドァルァ チョンゴォン

まとめのドリル 4

1 ピンインと日本語を読み、簡体字で書いてみよう。

① Tā néng hē liǎng bēi píjiǔ.（彼女は2杯ビールを飲むことができます）

② Wǒ yào gàosu tóngxuémen.（私はクラスメートに告げる必要がある）

③ Wǒ hěn xiǎng kàn Yīngguó diànyǐng.（私はイギリスの映画がとても見たいです）

④ Tāmen zài dǎ wǎngqiú ma?（彼らはテニスをしていますか）

⑤ Wǒ xiěle liǎng fēng xìn.（私は2通の手紙を書いた）

2 語句を並べ替え、文を作ってみよう。

① 松井さんはフランス語を話せますか。（吗, 说, 松井先生, 会, 法语）
　　　　　　　　　　　　　　　　　　　ma　shuō　Sōngjǐng xiānsheng　huì　Fǎyǔ

② あなたは薬を飲む必要がありません。（药, 用, 你, 不, 吃）
　　　　　　　　　　　　　　　　　　　yào　yòng　nǐ　bù　chī

③ 私の息子は注射を打ちたがりません。（想, 儿子, 我, 不, 打针）
　　　　　　　　　　　　　　　　　　　xiǎng　érzi　wǒ　bù　dǎzhēn

④ 彼女はご飯を作っています。（呢, 在, 她, 做饭）
　　　　　　　　　　　　　　　ne　zài　tā　zuòfàn

⑤ 私のお母さんはチョコレートを1箱買いました。（巧克力, 妈妈, 买了, 一盒, 我）
　　　　　　　　　　　　　　　　　　　　　　　qiǎokèlì　māma　mǎi le　yìhé　wǒ

3 [　]の中から1つを選んで、文を完成してみよう。

[　正在　可以　了　想　应该　]
　　zhèngzài　kěyǐ　le　xiǎng　yīnggāi

① 价格（　　）商量吗？（値段は相談できますか）
　 Jiàgé　　　shāngliang ma?

② 你（　　）遵守交通规则。（あなたは交通ルールを守るべきです）
　 Nǐ　　　zūnshǒu jiāotōng guīzé.

③ 我很（　　）去国外旅游。（私は海外旅行にとても行きたいです）
　 Wǒ hěn　　qù guówài lǚyóu.

④ 他（　　）唱歌。（彼は歌を歌っています）
　 Tā　　　chàng gē.

⑤ 我喝（　　）一杯咖啡。（私はコーヒーを1杯飲みました）
　 Wǒ hē　　yì bēi kāfēi.

4 中国語で言ってみよう。

① 私は20km歩けます。

② あなたはこの事を考える必要はない。

③ あなたは広東料理を食べたいですか。

④ 私は音楽を聞いています。（"在〜呢"を使って）

⑤ あなたは誰をめとったの。

こたえ

1 ① 她能喝两杯啤酒。　② 我要告诉同学们。　③ 我很想看英国电影。　④ 他们在打网球吗？　⑤ 我写了两封信。

2 ① 松井先生会说法语吗？　② 你不用吃药。　③ 我儿子不想打针。　④ 她在做饭呢。　⑤ 我妈妈买了一盒巧克力。

3 ① 可以　② 应该　③ 想　④ 正在　⑤ 了

4 ① 我能走二十公里。　② 你不用考虑这件事情。　③ 你想吃广东菜吗？　④ 我在听音乐呢。
　　Wǒ néng zǒu èrshí gōnglǐ.　Nǐ bú yòng kǎolǜ zhè jiàn shìqing.　Nǐ xiǎng chī Guǎngdōngcài ma?　Wǒ zài tīng yīnyuè ne.
⑤ 你娶了谁？
　 Nǐ qǔle shéi?

学校と職場の競争

　中国の親の理想は、子供が、北京大学などの国から認められた"重点大学（zhòngdiǎn dàxué）"に入学し、福利厚生のよい政府機関や高給が望める外資系企業に就職することのようです。そこで子供たちは、幼少期から過酷な競争にさらされます。

　幼稚園から就学前教育が行われ、小学生になると、宿題がたくさん出され、毎晩11時過ぎまでかかるといわれます。週末は、補習クラスや英語や数学の塾に通います。通わせないと、心配した学校の先生から電話がかかってくるそうです。

　日本の中学に相当する"初中（chūzhōng）"と、日本の高校に相当する"高中（gāozhōng）"でも、テストと宿題に追われる、勉強漬けの毎日です。

　大学に入学した後も、多くの人が授業以外にTOEFLなど各種試験や公務員試験のための塾へ通います。卒業後は、会社は終身雇用ではなく3年ぐらいの契約で雇用されることが多いです。30代で、7、8回転職を繰り返している人がたくさんいます。転職を多くしていることがキャリアを積んでいるプラスの評価につながるともいいます。こういった過酷な競争社会を生き抜いている中国の友人の話を聞くと、いろいろと刺激になります。

STEP 5

21 変化

どうしました？　私の携帯、電池がなくなりました。

怎么了?　我的手机没电了。
Zěnme le?　Wǒ de shǒujī méi diàn le.
ヅェンマ ルァ　ウオ ドァ ショウジィ メイ ディエン ルァ

これだけ

状況変化「〜しました」「〜になりました」

文 ＋ 了。
　　　le
　　　ルァ

＊「どんな変化？」は、疑問詞の後に"了"。
　　　　　　　　　　　　　　　　　le
　　　　　　　　　　　　　　　　　ルァ

疑問詞　＋　了？
　　　　　　le
　　　　　　ルァ

Q 言ってみよう。

❶ どうしたの。私の携帯がなくなりました。

なくす
丢
diū
ディウ

❷ 天候がもっと寒くなりました。

天候、もっと、寒い
天气, 更, 冷
tiānqi gèng lěng
ティエンチィ ゲゥン レゥン

❸ カエデが色づきました。

カエデ、色づく
枫叶, 红
fēngyè hóng
フォンイエ ホォン

答えと音声を確認しよう

102

もっと1 状況変化「～したの？」

文	＋	了吗？

le ma?
ルァ マァ

あなたは携帯を買いましたか。

你买手机了吗？
Nǐ mǎi shǒujī le ma?
ニィ マイ ショウジィ ルァ マァ

もっと2 「～しないことにしました」「～でなくなりました」

主語 ＋ 不 ＋ 動詞 ＋ 了 。
　　　　　bù　　　　　　　le
　　　　　ブゥ　　　　　　　ルァ

私は買わないことにしました。

我不买了。
Wǒ bù mǎi le.
ウォ ブゥ マイ ルァ

A

❶ **怎么了？　我的手机丢了。**
Zěnme le? Wǒ de shǒujī diū le.
ヅェンマ ルァ　ウオドァ ショウジィ ディウ ルァ

❷ **天气更冷了。**
Tiānqi gèng lěng le.
ティエンチィ ゲゥン レゥン ルァ

❸ **枫叶红了。**
Fēngyè hóng le.
フォンイエ ホォン ルァ

まとめ

❶ 状況変化「〜しました」「〜になりました」　＊「どんな変化？」は、疑問詞の後に"了"。

| 文 | + | 了 le ルァ | 。 |

疑問詞 + 了？
le
ルァ

❷ 状況変化「〜したの？」

| 文 | + | 了吗？ le ma? ルァ マァ |

❸「〜しないことにしました」「〜でなくなりました」

主語 + 不 + 動詞 + 了 。
　　　　bù　　　　　　　le
　　　　ブゥ　　　　　　ルァ

Q 言ってみよう。

❶ たった今地震が起こりました。

たった今、地震が起こる
刚才, 地震
gāngcái　dìzhèn
ガァンツァイ　ディーヂェン

❷ 私は行かないことにしました。

行く
去
qù
チュィ

❸ リンゴが赤くなりました。

リンゴ、赤くなる
苹果, 红
píngguǒ　hóng
ピングゥオ　ホォン

❹ あなたの病気はどうなったの。
　 私の病気は良くなった。

どうなる、病気
怎么样, 病
zěnmeyàng　bìng
ヅェンマヤン　ビィン

❺ 私は今後あなたを邪魔しないわ。

今後、邪魔する
以后, 打扰
yǐhòu　dǎrǎo
イィホウ　ダァラオ

❻ あなたはプリンターを買いましたか。

プリンター
打印机
dǎyìnjī
ダァインジィ

答えと音声を確認しよう

+α 変化の"了"

完了"了"で、目的語に数詞をつけると書きましたが、変化の"了"では、数詞をつけると不自然になるのでつけません。

？？ 我买 一台 手机了。 ➡ 我买手机了。
Wǒ mǎi shǒujī le.
ウオ マイ ショウジィ ルァ

また「～しないことにする」「～でなくなった」と動作の変化を示す否定は"不～了"を使いますが、「まだ～していない」など動作が起こっていないことを示す否定の場合は"没"を使います。

我没买手机。
Wǒ méi mǎi shǒujī.
ウオ メイ マイ ショウジィ
（私は携帯をまだ買っていません）

A

❶ 刚才地震了。
Gāngcái dìzhèn le.
ガァンツァイ ディーチェン ルァ

❷ 我不去了。
Wǒ bú qù le.
ウオ ブゥ チュイ ルァ

❸ 苹果都红了。
Píngguǒ dōu hóng le.
ピングゥオ ドウ ホォン ルァ

❹ 你的病怎么样了？　我的病好了。
Nǐ de bìng zěnmeyàng le?　Wǒ de bìng hǎo le.
ニィ ドァ ビィン ヅェンマヤン ルァ　ウォ ドァ ビィン ハオ ルァ

❺ 我以后不打扰你了。
Wǒ yǐhòu bù dǎrǎo nǐ le.
ウウオ イィホウ ブゥ ダァラオ ニィ ルァ

❻ 你买打印机了吗？
Nǐ mǎi dǎyìnjī le ma?
ニィ マィ ダァインジィ ルァ マァ

22 近未来

傘を持った？　雨が降りそうだよ。

你带伞了吗？　要下雨了。
Nǐ dài sǎn le ma?　Yào xiàyǔ le.
ニィ ダイ サン ルァ マァ　ヤオ シアユィ ルァ

これだけ

「まもなく〜する」

（主語＋）　要　＋　動詞（＋〜）　＋　了。
　　　　　　yào　　　　　　　　　　　le
　　　　　　ヤオ　　　　　　　　　　　ルァ

＊目的語はなくても良い。

彼はまもなく卒業です。
他要毕业了。
Tā yào bìyè le.
タァ ヤオ ビィイエ ルァ

Q 言ってみよう。

❶ 雪が降りそうです。

雪が降る
下雪
xiàxuě
シアシュエ

❷ 飛行機はまもなく飛びます。

飛行機、飛ぶ
飞机，起飞
fēijī　qǐfēi
フェイジィ　チィフェイ

❸ テレビ番組がまもなく始まります。

テレビ番組、始まる
电视节目，开始
diànshìjiémù　kāishǐ
ディエンシージエムゥ　カイシー

答えと音声を確認しよう

もっと1 差し迫っているときの「もうすぐ〜する」、さらに迫っている「もう〜する」

（主語＋）快（要）＋ 〜 ＋ 了。
kuài yào　　　　　　le
クワイ ヤオ　　　　　　ルァ

（主語＋）就（要）＋ 〜 ＋ 了。
jiù yào　　　　　　le
ジウ ヤオ　　　　　　ルァ

もうすぐ雨が降りそうです。
快要下雨了。
Kuài yào xiàyǔ le.
クワイ ヤオ シアユィ ルァ

明日はもう試験です。
明天就要考试了。
Míngtiān jiù yào kǎoshì le.
ミィンティエン ジウ ヤオ カオシー ルァ

＊ "快（要）〜了" は、日付や時間と一緒に使えません。
× 明天快要考试了。

もっと2 「まもなく〜する」「もうすぐ〜する」「もう〜する」の疑問

要／快（要）／就（要）〜 了 ＋ 吗？
yào　kuài yào　jiù yào　le　　　ma
ヤオ　クワイ ヤオ　ジウ ヤオ　ルァ　　マァ

彼はまもなく卒業ですか。
他要毕业了吗？
Tā yào bìyè le ma?
タァ ヤオ ビィイエ ルァ マァ

A

❶ **要下雪了。**
Yào xiàxuě le.
ヤオ シアシュエ ルァ

❷ **飞机要起飞了。**
Fēijī yào qǐfēi le.
フェイジィ ヤオ チィフェイ ルァ

❸ **电视节目要开始了。**
Diànshìjiémù yào kāishǐ le.
ディエンシージエムゥ ヤオ カイシー ルァ

まとめ

❶「まもなく〜する」

（主語＋） 要 ＋ 動詞（＋〜） ＋ 了。
　　　　　 yào　　　　　　　　　　 le
　　　　　 ヤオ　　　　　　　　　　 ルァ

❷ 差し迫っているときの「もうすぐ〜する」、さらに迫っている「もう〜する」

（主語＋） 快（要） ＋ 〜 ＋ 了。
　　　　　 kuài yào　　　　　　 le
　　　　　 クワイ ヤオ　　　　　 ルァ

（主語＋） 就（要） ＋ 〜 ＋ 了。
　　　　　 jiù yào　　　　　　　 le
　　　　　 ジウ ヤオ　　　　　　 ルァ

❸「まもなく〜する」「もうすぐ〜する」「もう〜する」の疑問

要 / 快（要） / 就（要） 〜 了	＋ 吗？
yào　 kuài yào　 jiù yào　 le	ma
ヤオ　クワイ ヤオ　ジウ ヤオ　ルァ	マァ

Q 言ってみよう。

（CD 43）

❶ 天気は本当に暖かく、春はすぐにでも
　 やって来ます。

> 天気、本当に、暖かく、春、やって来る
> **天气，真，暖和，春天，到**
> tiānqi　zhēn　nuǎnhuo　chūntiān　dào
> ティエンチィ　チェン　ヌワンホゥオ　チュンティエン　ダオ

❷ 明日北京をもう去るでしょう。

> 明日、北京、去る
> **明天，北京，离开**
> míngtiān　Běijīng　líkāi
> ミィンティエン　ペイジィン　リィカイ

❸ 列車はまもなく駅に入ってきますか。

> 列車、駅に入る
> **火车，进站**
> huǒchē　jìnzhàn
> ホゥオチョァ　ジンチャン

❹ まもなく会議をしに行きます。

> 会議をする
> **开会**
> kāihuì
> カイホゥイ

❺ 私はすぐにでも狂ってしまいそうです。

> 狂う
> **疯**
> fēng
> フォン

❻ 私は明日ケンタッキーに（もう）食べに行くつもりです。

> 明日、ケンタッキーに食べに行く
> **明天，去吃 肯德基**
> míngtiān　qù　chī　Kěndéjī
> ミィンティエン　チュィ　チー　ケンドァジィ

答えと音声を確認しよう 🔊

+α 近い未来に名詞や数量を入れる

近未来に名詞や数量を入れるとき、"快〜了"に、名詞や数量が使えます。

快考试了。
Kuài kǎoshì le.
クワイ カオシー ルァ

（もうすぐテストです）

结婚快三年了。
Jiéhūn kuài sānnián le.
ジエホゥン クワイ サンニエン ルァ

（結婚してもう3年になります）

ただ、「3年は過ぎようとしている」という意では、"三年"を"快（要）〜了"の前に置けません。"就要〜了"を使います。

× 三年快过去了。
× 三年快要过去了。

➡ 三年 就要 过去 了。
Sānnián jiù yào guòqu le.
サンニエン ジウ ヤオ グゥオチュイ ルァ

A

❶ **天气真暖和，春天快要到了。**
Tiānqì zhēn nuǎnhuo, chūntiān kuài yào dào le.
ティエンチィ ヂェン ヌワンホゥオ チュンティエン クワイ ヤオ ダオ ルァ

❷ **明天就要离开北京了。**
Míngtiān jiù yào líkāi Běijīng le.
ミィンティエン ジウ ヤオ リィカイ ベイジィン ルァ

❸ **火车要进站了吗？**
Huǒchē yào jìnzhàn le ma?
ホゥオチョァ ヤオ ジィンヂャン ルァ マァ

❹ **要去开会了。**
Yào qù kāihuì le.
ヤオ チュィ カイホゥイ ルァ

❺ **我快疯了。**
Wǒ kuài fēng le.
ウオ クワイ フォン ルァ

❻ **我明天就要去吃肯德基了。**
Wǒ míngtiān jiù yào qù chī Kěndéjī le.
ウオ ミィンティエン ジウ ヤオ チュィ チー ケンダァジィ ルァ

23 動量詞

3日泊まったよ。

我 住了 三天。
Wǒ zhùle sāntiān.
ウオ デュウルァ サンティエン

これだけ

動作の回数や量は、動詞の後に、数と量詞（助数詞）のセットで。

動詞 ＋ 数 ＋ 量詞（助数詞）

* "天"は、日数を数える量詞。
  tiān
  ティエン
* 「〜回」は "次"、初めから終わりまで通した「〜回」は、"遍"。

我 去了 一 次。（私は1回行きました）
Wǒ qùle yí cì.
ウオ チュィルァ イィ ツー

这 本 小说 她 看了 三 遍。（この小説は彼女は3回通して読みました）
Zhè běn xiǎoshuō tā kànle sān biàn.
ヂョァ ベン シアオシュオ タァ カンルァ サン ビエン

Q 言ってみよう。

❶ まず（ビール瓶）3本持ってきてよ。

持ってくる、まず、3本、よ
来，先，三瓶，吧
lái　xiān　sān píng　ba
ライ　シエン　サン ピィン　バァ

❷ ベートーベンは3日泊まりました。

ベートーベン
贝多芬
Bèiduōfēn
ベイドゥオフェン

❸ この映画は私は2回通して見ました。

この映画
这部 电影
zhè bù diànyǐng
ヂョァ ブゥ ディエンイィン

答えと音声を確認しよう

もっと1

物や事は、動作の回数の後。

動詞 ＋ 数 ＋ 量詞 ＋ 物・事 。

私は3回映画を見ました。
我看了三场电影。
Wǒ kànle sān chǎng diànyǐng.
ウォ カン ルァ サン チャアン ディエンイィン

＊"场"は映画を数える量詞

もっと2

「彼/彼女」などの人称代名詞は、数の前。

動詞 ＋ 人称代名詞 ＋ 数 ＋ 量詞 。

彼は彼女をチラリと見ました。
他看了她一眼。
Tā kànle tā yì yǎn.
タァ カンルァ タァ イィ イエン

A

❶ 先来三瓶吧。
Xiān lái sān píng ba.
シエン ライ サン ピィン バァ

❷ 贝多芬住了三天。
Bèiduōfēn zhùle sāntiān.
ベイドゥオフェン ヂュウルァ サンティエン

❸ 这部电影我看了两遍。
Zhè bù diànyǐng wǒ kànle liǎng biàn.
ヂョァ ブゥ ディエンイィン ウオ カンルァ リアン ビエン

まとめ

❶ 動作の回数や量は、動詞の後に、数と量詞（助数詞）のセットで。
　動詞　＋　数　＋　量詞（助数詞）

❷ 物や事は、動作の回数の後。
　動詞　＋　数　＋　量詞　＋　物・事　。

❸ 「彼 / 彼女」などの人称代名詞は、数の前。
　動詞　＋　人称代名詞　＋　数　＋　量詞　。

Q 言ってみよう。

❶ どうぞもう1度（通して）言ってください。

どうぞ〜してください、また言う
请，再说
qǐng, zài shuō
チィン　ヅァイシュオ

❷ 彼女は毎週1回映画を見ます。

毎週、〜回、映画
每个星期，场，电影
měi ge xīngqī, chǎng, diànyǐng
メイ　グァ　シンチィ　チャアン　ディエンイィン

❸ お母さんは彼を1回怒りました。

1回、怒る
一顿，骂
yi dùn, mà
イィドゥン　マァ

❹ 私は夏紅（シアホォン）に何度も言いました。

夏紅に、何度も
跟 XiàHóng，好几次
gēn XiàHóng, hǎo jǐcì
ゲン シアホォン　ハオ ジーツー

❺ 深沢課長が2回あなたを訪ねました。

深沢課長、2回、訪ねる
深泽课长，两次，找
Shēnzé kèzhǎng, liǎng cì, zhǎo
シェンヅァ クァヂァアン　リアンツー　ヂァオ

❻ 彼女は2日間ボランティアをしました。

ボランティアをする、2日間
当 志愿者，两天
dāng zhìyuànzhě, liǎngtiān
ダァン　ヂーユエンヂョア　リアンティエン

答えと音声を確認しよう

+α 時間量

動作時間は、動作の回数や量と同じく、動詞の後ろに置きます。

他看了一个小时。
Tā kànle yí ge xiǎoshí.
タァ カンルァ イィ グァ シアオシー

（彼は1時間見た）

目的語は動作時間の後ろに置き、動作時間との間に"的"を入れられます。

他看了一个小时电视。　➡　他看了一个小时 **的** 电视。
Tā kànle yí ge xiǎoshí diànshì.　　　Tā kànle yí ge xiǎoshí de diànshì.
タァ カンルァ イィ グァ シアオシー ディエンシー　タァ カンルァ イィ グァ シアオシー ドァ ディエンシー

（彼は1時間テレビを見た）

なお動作の回数の場合、"的"は入れられません。

我看了三场电影。（私は映画を3回見た）➡ ✗ 我看了三场的电影。
Wǒ kànle sān chǎng diànyǐng.
ウオ カンルァ サン チァアン ディエンイィン

A

❶ 请再说一遍。
Qǐng zài shuō yí biàn.
チィン ヅァイ シュオ イィ ビエン

❷ 她每个星期看一场电影。
Tā měi ge xīngqī kàn yì chǎng diànyǐng.
タァ メイ グァ シンチィ カン イィ チァアン ディエンイィン

❸ 妈妈骂了他一顿。
Māma màle tā yí dùn.
マァマァ マァルァ タァ イィ ドゥン

❹ 我跟夏红说了好几次。
Wǒ gēn XiàHóng shuōle hǎo jǐcì.
ウオ ゲン シアホォン シュオルァ ハオ ジーツー

❺ 深泽课长找了你两次。
Shēnzé kèzhǎng zhǎole nǐ liǎng cì.
シェンヅァ クァヂァアン ヂャオルァ ニィ リアン ツー

❻ 她当了两天志愿者。
Tā dāngle liǎngtiān zhìyuànzhě.
タァ ダァンルァ リアンティエン ヂーユエンヂョァ

24 比較

今年の夏の気温は例年に比較して6℃高い。

今年 夏天 气温 比 往年 高 六 度。
Jīnnián xiàtiān qìwēn bǐ wǎngnián gāo liù dù.
ジンニエン シアティエン チィウェン ビィ ワァンニエン ガオ リウ ドゥ

これだけ

「AはBより〜です」

A ＋ 比 ＋ B ＋ 状態 ＋ その差 。
　　　　bǐ
　　　　ビィ

＊ その差 はなくても良い。

彼は私より大きい。
他 比 我 大。
Tā bǐ wǒ dà.
タァ ビィ ウオ ダァ

Q 言ってみよう。

❶ これらのリンゴは、あれらより重い。

> これらのリンゴ、あれら、重い
> **这些苹果，那些，重**
> zhèxiē píngguǒ　nàxiē　zhòng
> ヂョァシエ ピィングゥオ　ナァシエ　ヂォン

❷ 私は彼より2歳年上です。

> 年上、2歳
> **大，两岁**
> dà　liǎng suì
> ダァ　リアン スゥイ

❸ この建物はあの建物より低い。

> この建物、あの建物、低い
> **这座楼，那座楼，矮**
> zhè zuò lóu　nà zuò lóu　ái
> ヂョァ ヅォウ ロウ　ナァ ヅォウ ロウ　アイ

答えと音声を確認しよう

「AはBよりもっと〜です」

A ＋ 比 ＋ B ＋ 更 / 还 ＋ 状態 。
　　　　bǐ　　　　　gèng　hái
　　　　ビィ　　　　ゲゥン　ハイ

＊"还"は"更"より話者の気持ちが入ります。

地下鉄に乗るのはバスに乗るよりもっと便利です。
坐地铁比坐公交车更方便。
Zuò dìtiě bǐ zuò gōngjiāochē gèng fāngbiàn.
ヅゥオ ディティエ ビィ ヅゥオ ゴォンジアオチョァ ゲゥン ファアンビエンン

今朝は昨日より涼しい。
今天早上比昨天还凉快。
Jīntiān zǎoshang bǐ zuótiān hái liángkuai.
ジンティエン ヅァオシャアン ビィ ヅゥオティエン ハイ リアンクワイ

「AはBほど〜でありません」

A ＋ 没有 ＋ B ＋（那么）＋ 状態 。
　　　méiyou　　　　 nàme
　　　メイヨウ　　　　 ナァマ

今年の夏の気温は例年に比較してそれほど高くありません。
今年夏天气温没有往年（那么）高。
Jīnnián xiàtiān qìwēn méiyou wǎngnián nàme gāo.
ジンニエン シアティエン チィウェン メイヨウ ワァンニエン ナァマ ガオ

比較

A

❶ **这些苹果比那些重。**
Zhèxiē píngguǒ bǐ nàxiē zhòng.
ヂョァシエ ピィングゥオ ビィ ナァシエ ヂョン

❷ **我比他大两岁。**
Wǒ bǐ tā dà liǎng suì.
ウオ ビィ タァ ダァ リアン スゥイ

❸ **这座楼比那座楼矮。**
Zhè zuò lóu bǐ nà zuò lóu ǎi.
ヂョァ ヅォウ ロウ ビィ ナァ ヅォウ ロウ アイ

まとめ

❶「AはBより〜です」

A ＋ 比 ＋ B ＋ 状態 ＋ その差 。
　　　bǐ
　　　ビィ

❷「AはBよりもっと〜です」

A ＋ 比 ＋ B ＋ 更 / 还 ＋ 状態 。
　　　bǐ　　　　　gèng　hái
　　　ビィ　　　　ゲゥン ハイ

❸「AはBほど〜でありません」

A ＋ 没有 ＋ B ＋ （那么） ＋ 状態 。
　　　méiyou　　　　nàme
　　　メイヨウ　　　 ナァマ

Q 言ってみよう。

❶ 私は私のお父さんほど高くありません。

> 私のお父さん
> **我爸爸**
> wǒ bàba
> ウオ パァパァ

❷ 愛とは死よりもっと冷酷です。("更"を使って)

> 愛、死、冷酷だ
> **爱，死，冷酷**
> ài　sǐ　lěngkù
> アイ　スー　レゥンクゥ

❸ 彼女は彼女のお母さんよりもさらに美しい。("还"を使って)

> 美しい
> **漂亮**
> piàoliang
> ピアオリアン

❹ 私の給料は他の同僚より低い。

> 私の給料、他の同僚、低い
> **我工资，别的同事，低**
> wǒ gōngzī　bié de tóngshì　dī
> ウオ ゴンヅー　ピエ ドァ トンシー　ディー

❺ 最近仕事のプレッシャーが以前より大きい。

> 最近、仕事のプレッシャー
> **最近，工作压力**
> zuìjìn　gōngzuò yālì
> ヅゥイジン　ゴンヅゥオ ヤァリィ

❻ 私はあなたより早く会社に来る。

> 会社に来る、早い
> **来公司，早**
> lái gōngsī　zǎo
> ライ ゴンスー　ヅァオ

答えと音声を確認しよう

+α 「AとBは同じだ」と言う場合

「AとBは同じだ」は、"跟"と"一样"を使います。「AとBは同じように~だ」は"一样"の後ろに「~だ」を入れます。

A ＋ 跟 ＋ B ＋ 一样
　　　gēn　　　　yī yàng
　　　ゲン　　　　イィヤン

他的 大学 跟 我的 一样。（彼の大学は私と同じだ）
Tā de dàxué gēn wǒ de yī yàng.
タァ ドァ ダァシュエ ゲン ウオ ドァ イィヤン

また否定は、"不"を"一样"の前に置きます。
　　　　　　bù　　　yīyàng
　　　　　　ブゥ　　イィヤン

他的大学 跟 我的 不一样。（彼の大学は私と違う［同じではない］）
Tā de dàxué gēn wǒ de bù yī yàng.
タァ ドァ ダァシュエ ゲン ウオ ドァ ブゥ イィヤン

A

❶ 我没有我爸爸（那么）高。
Wǒ méiyou wǒ bàba nàme gāo.
ウオ メイヨウ ウオ バァバァ ナァマ ガオ

❷ 爱比死更冷酷。
Ài bǐ sǐ gèng lěngkù.
アイ ビィ スー ゲゥン レゥンクゥ

❸ 她比她妈妈还漂亮。
Tā bǐ tā māma hái piàoliang.
タァ ビィ タァ マァマァ ハイ ピアオリアン

❹ 我工资比别的同事低。
Wǒ gōngzī bǐ bié de tóngshì dī.
ウオ ゴォンヅー ビィ ビエ ドァ トォンシー ディー

❺ 最近工作压力比以前大。
Zuìjìn gōngzuò yālì bǐ yǐqián dà.
ヅゥイジン ゴォンヅゥオ ヤァリィ ビィ イィチエン ダァ

❻ 我比你还早来公司。
Wǒ bǐ nǐ hái zǎo lái gōngsī.
ウオ ビィ ニィ ハイ ヅァオ ライ ゴォンスー

比較

25 経験

私はかつて1度九寨溝（キュウサイコウ）へ行ったことがあります。

我 曾经 去过 一次 九寨沟。
Wǒ céngjīng qùguo yí cì jiǔzhàigōu.
ウオ ツゥンジィン チュィグゥオ イィ ツー ジウヂャイゴウ

これだけ

「〜したことがあります」
動詞 ＋ 过。
　　　　guo
　　　　グゥオ

＊動作の回数や目的語はなくても良い。

Q 言ってみよう。

❶ 彼女はかつて雲南（ウンナン）へ行ったことがあります。

雲南
云南
Yúnnán
ユィンナン

❷ 彼らは泰山（タイザン）に登ったことがあります。

彼ら、泰山、登る
他们，泰山，爬
tāmen　Tàishān　pá
タァメン　タイシャン　パァ

❸ 孫文、魯迅（ロジン）、郭沫若（カクマツジャク）と周恩来（シュウオンライ）はみな来日したことがあります。

孫文、魯迅、郭沫若と周恩来
孙中山、鲁迅、郭沫若和周恩来
SūnZhōngshān　lǔ Xùn　Guō Mòruò hé Zhōu Ēnlái
スン チォンシャン　ルゥ シュイン　グゥオ モォロゥオ ホァ ヂョウ エンライ

答えと音声を確認しよう

もっと1 「～したことがありません」

没（有） ＋ 動詞 ＋ 过 。
méi (you)　　　　　　　guo
メイ ヨウ　　　　　　　グゥオ

私は今まで九寨溝へ行ったことがありません。
我 从来 没 去过 九寨沟。
Wǒ cónglái méi qùguo Jiǔzhàigōu.
ウオ ツォンライ メイ チュィグゥオ ジウヂャイゴウ

※副詞"从来"（今まで～したことがない）
　　　　cónglái
　　　　ツォンライ

もっと2 「～したことがありますか」

動詞 ＋ 过 ＋（＋α）＋ 吗 / 没有 ？
　　　　 guo　　　　　　　ma　 méiyou
　　　　 グゥオ　　　　　　マァ　メイヨウ

あなたは九寨溝へ行ったことありますか。
你 去过 九寨沟 吗？ / 你 去过 九寨沟 没有？
Nǐ qùguo Jiǔzhàigōu ma?　Nǐ qùguo Jiǔzhàigōu méiyou?
ニィ チュィグゥオ ジウヂャイゴウ マァ　ニィ チュィグゥオ ジウヂャイゴウ メイヨウ

A

❶ **她曾经去过云南。**
Tā céngjīng qùguo Yúnnán.
タァ ツゥンジィン チュィグゥオ ユィンナン

❷ **他们爬过泰山。**
Tāmen páguo Tàishān.
タァメン パァグゥオ タイシャン

❸ **孙中山、鲁迅、郭沫若和周恩来都来过日本。**
Sūn Zhōngshān、Lǔ Xùn、Guō Mòruò hé Zhōu Ēnlái dōu láiguo Rìběn.
スゥ ヂォンシャン ルゥ シュイン グゥオ モォロゥオ ホァ ヂョウ エンライ ドウ ライグゥオ リーベン

まとめ

❶「〜したことがあります」

動詞 ＋ 过。
　　　　guo
　　　　グゥオ

❷「〜したことがありません」

没(有) ＋ 動詞 ＋ 过。
méi (you)　　　　　guo
メイ ヨウ　　　　　グゥオ

❸「〜したことがありますか」

動詞 ＋ 过 (＋α) ＋ 吗 / 没有?
　　　　guo　　　　　ma　méiyou
　　　　グゥオ　　　　マァ　メイヨウ

Q 言ってみよう。

❶ 私は今まで京劇を見たことがありません。

> 京劇、見る
> 京剧，看
> jīngjù　kàn
> ジンジュィ　カン

❷ あなたは飛行機に乗ったことがありますか。
（"吗？"を使って）

> 飛行機
> 飞机
> fēijī
> フェイジー

❸ 私はワインを飲んだことがありません。

> ワイン
> 葡萄酒
> pútaojiǔ
> プゥタオジウ

❹ 彼は今まで恋愛をしたことがありません。

> 今まで、恋愛をする
> 从来，谈恋爱
> cónglái　tán liàn'ài
> ツォンライ　タン リエンアイ

❺ クラスメートの6割が職業訓練に参加したことがあります。

> クラスメートの6割、参加する、職業訓練
> 六成 同学，参加，职业培训
> liùchéng tóngxué cānjiā zhíyè péixùn
> リイウチョン トォンシュエ ツァンジア ヂーイエ ペイシュイン

❻ あなたはイギリスに行ったことがありますか？
（"没有"を使って）

> イギリス
> 英国
> Yīngguó
> イィングゥオ

答えと音声を確認しよう

+α 「〜し終える」と「〜過ぎる」の "过"

"过" は経験だけではなく「〜し終える」という終了の意味もあります。

我已经 吃过 饭 了。 (私はもうご飯を食べ終えた)
Wǒ yǐjīng chīguo fàn le.
ウオ イィジィン チーグゥオ ファン ルァ

この "过" は経験ではなく「〜し終える」という意味なので、文末に "了" を置きます。また "过" には「〜過ぎる」の意味もあります。

列车 开过 那座 桥了。 (列車はその橋を通り過ぎた)。
Liè chē kāiguo nà zuò qiáo le.
リエチョァカイグゥオナァ ヅゥオチアオ ルァ

この "过" は後で学ぶ方向補語にも似ています。

A

① 我从来没看过京剧。
Wǒ cónglái méi kànguo jīngjù.
ウオ ツォンライ メイ カングゥオ ジンジュィ

② 你坐过飞机吗？
Nǐ zuòguo fēijī ma?
ニィ ヅゥオグゥオ フェイジー マァ

③ 我没喝过葡萄酒。
Wǒ méi hēguo pútaojiǔ.
ウォ メイ ホァグゥオ プゥタオジウ

④ 他从来没谈过恋爱。
Tā cónglái méi tánguo liànài.
タァ ツォンライ メイ タングゥオ リエンアイ

⑤ 六成同学参加过职业培训。
Liùchéng tóngxué cānjiāguo zhíyè péixùn.
リイウチョン トォンシュエ ツァンジアグゥオ デーイエ ペイシュイン

⑥ 你去过英国没有？
Nǐ qùguo Yīngguó méiyou?
ニィ チュイグゥオ イィングゥオ メイヨウ

まとめのドリル 5

1 ピンインと日本語を読み、簡体字で書いてみよう。

① Wǒ mǎi shǒujī le.（私は携帯を買いました）

② Kuài yàoxià xuě le.（もうすぐ雪が降りそうです）

③ Zhè bù diànyǐng wǒ kànle sān biàn.（この映画は私は通して3回見ました）

④ Jīnnián xiàtiān qìwēn bǐ wǎngnián gāo wǔ dù.（今年の夏の気温は例年に比較して5℃高い）

⑤ Nǐ qùguo Yúnnán ma?（あなたは雲南［ウンナン］へ行ったことがありますか）

2 語句を並べ替え、文を作ってみよう。

① 家の中は電気がつかなくなりました。（了，没，家里，电）
　　　　　　　　　　　　　　　　　　le   méi   jiāli   diàn

② コンサートがもうすぐ始まります。（了，要，演唱会，就，开始）
　　　　　　　　　　　　　　　　　　le   yào   yǎnchànghuì   jiù   kāishǐ

③ 私は彼を1度怒った。（一顿，他，我，骂了）
　　　　　　　　　　　yí dùn   tā   wǒ   mà le

④ 新しい同僚の給料は私よりも高い。（我，工资，新同事，比，高，的）
　　　　　　　　　　　　　　　　　　wǒ   gōngzī   xīn tóngshì   bǐ   gāo   de

⑤ 私は今まで雑技を見たことがありません。（从来，我，没，杂技，看过）
　　　　　　　　　　　　　　　　　　　　cónglái   wǒ   méi   zájì   kànguo

3 [ ]の中から1つを選んで、文を完成してみよう。

[过 要 了 一场 比]
　guo　yào　le　yìchǎng　bǐ

① 怎么（　　）？（どうしたの）
　 Zěnme

② 火车（　　）开了。（列車が間もなく出発します）
　 Huǒchē　　　kāi le.

③ 我想看（　　）足球赛。（私は1度サッカーの試合を見たい）
　 Wǒ xiǎng kàn　　 zúqiúsài.

④ 他（　　）我大三岁。（彼は私より3歳大きい）
　 Tā　　　wǒ dà sān suì.

⑤ 英雄爬（　　）富士山。（英雄は富士山に登ったことがあります）
　 Yīngxióng pá　　 Fùshìshān.

4 中国語で言ってみよう。

① 私は行かないことにしました。

② 私たちはもうすぐ卒業です。（"快要～了"を使って）

③ もう1度（通して）言ってください。

④ 私は私のお母さんほど高くありません。

⑤ 私は今まで飛行機に乗ったことがありません。

こたえ

1 ① 我买手机了。　② 快要下雪了。　③ 这部电影我看了三遍。　④ 今年夏天气温比往年高五度。　⑤ 你去过云南吗？

2 ① 家里没电了。　② 演唱会就要开始了。　③ 我骂了他一顿。　④ 新同事的工资比我高。　⑤ 我从来没看过杂技。

3 ① 了　② 要　③ 一场　④ 比　⑤ 过

4 ① 我不去了。　② 我们快要毕业了。　③ 请再说一遍。　④ 我没有我妈妈（那么）高。
　　Wǒ bú qù le.　Wǒmen kuài yào bìyè le.　Qǐng zài shuō yí biàn.　Wǒ méiyou wǒ māma nàme gāo.
　⑤ 我从来没坐过飞机。
　　Wǒ cónglái méi zuòguo fēijī.

コラム 5

家族

　英語を習い始めたころ、英語では、兄も弟も brother、姉も妹も sister と聞き、兄と弟、姉と妹を区別したい時はどうするんだろうと、疑問に思いました。

　それとは逆のことを、日本語を学ぶ中国人留学生からよく聞きます。「おじさんといっても、父方と母方で区別したい時はどうするの」日本語でも伯父と叔父という表記上の区別がありますが、話し言葉では、どちらも「おじさん」です。

　中国語の親族名は、次のように複雑です。

爷爷 yéye （父方の）祖父
奶奶 nǎinai （父方の）祖母
老爷 lǎoye （母方の）祖父
姥姥 lǎolao （母方の）祖母

伯伯 bóbo （父の兄）
叔叔 shūshu （父の弟）
姑姑 gūgu （父の姉妹）
舅舅 jiùjiu （母の兄弟）
姨妈 yímā （母の姉妹）

爸爸 bàba （お父さん）
妈妈 māma （お母さん）

我 wǒ （私）

哥哥 gēge （兄）
弟弟 dìdi （弟）
姐姐 jiějie （姉）
妹妹 mèimei （妹）

STEP 6

26 方向補語

見てもいいですか。　いいですよ、お入りください。

可以看一下吗?　　**可以，进来吧。**
Kěyǐ kàn yíxià ma?　　Kěyǐ, jìnlái ba.
クァイィ カン イィシア マァ　　クァイィ ジンライ バァ

これだけ

移動する方向（方向補語）
動詞　＋　方向補語

"去"：話者から離れる。　　　　　"来"：話者に近づく。

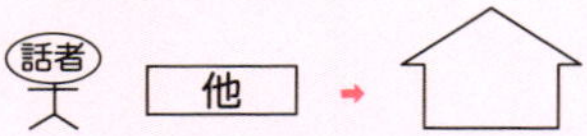

他进去．（彼は中に入って行きます）　　他进来．（彼は中に入って来ます）
Tā jìnqù.　　　　　　　　　　　　　　　Tā jìnlái.
タァ ジンチュィ　　　　　　　　　　　　タァ ジンライ

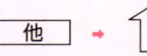

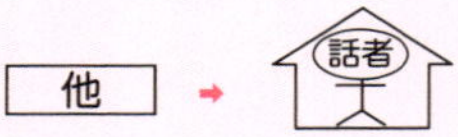

＊ "吧"は、言葉の調子を柔らかくします。

进来！（入れ！）　　　　　进来吧。（入ったら？）
Jìnlái.　　　　　　　　　　Jìnlái ba.
ジンライ　　　　　　　　　ジンライ バァ

Q 言ってみよう。

❶ 彼女が入って行きました。

～した
了
le
ルァ

❷ 走りながらやって来なさいよ。

走りながら、やって来る、よ
跑着，过来，吧
pǎozhe　guòlái　ba
パオヂョア　グゥオライ　バァ

❸ 彼は出て行きました。

出る、～した
出，了
chū　le
チュウ　ルァ

答えと音声を確認しよう

もっと1 上下を表す方向補語

上がる
上 shang シャアン

彼は歩道橋を駆け上がりました。
他 跑上 立交桥。
Tā pǎoshang lìjiāoqiáo.
タァ パオシャアン リィ ジアオチアオ

下がる
下 xia シア

座ったら？
你 坐下 吧。
Nǐ zuòxia ba.
ニィ ヅゥオシア バァ

もっと2 内と外を表す方向補語

入る
进 jin ジン

彼は女トイレに入って行きました。
他 走进 女厕所 了。
Tā zǒujin nǚcèsuǒ le.
タァ ヅォウジン ニュィツァスゥオ ルァ

出る
出 chu チュウ

彼女はポケットから1元を取り出しました。
她 从 口袋里 掏出 一 块 钱 了。
Tā cóng kǒudàili tāochu yí kuài qián le.
タァ ツォン コウダイリィ タオチュウ イィ クワイ チエン ルァ

A

❶ 她进去了。
Tā jìnqù le.
タァ ジンチュイ ルァ

❷ 跑着过来吧。
Pǎozhe guòlái ba.
パオヂョア グゥオライ バァ

❸ 他出去了。
Tā chūqù le.
タァ チュウチュイ ルァ

方向補語

まとめ

❶ 移動する方向（方向補語）
動詞 ＋ 方向補語

"去"：話者から離れる。
他进去．（彼は中に入って行きます）
"来"：話者に近づく。
他进来．（彼は中に入って来ます）

❷ 上下を表す方向補語

上がる、下がる
上、下
shang　xia
シャアン　シア

❸ 内と外を表す方向補語

入る、出る
进、出
jin　chu
ジン　チュウ

Q 言ってみよう。

❶ 彼女たちはデパートへ入って行きました。

デパート
百货商店
bǎihuòshāngdiàn
バイホゥオシャアンディエン

❷ 私たちは香山（シャンシャン）に登りました。

香山、登る
香山，爬
Xiāngshān　pá
シアンシャン　パァ

❸ 株式はどうやって売り出すの？

株式、どうやって、売る
股票，怎么，卖
gǔpiào　zěnme　mài
グゥピアオ　ヅェンマ　マイ

❹ 松（ソン）ちゃんは教室に歩いて入ります。

松ちゃん、歩いて入る、教室
小松，走进，教室
Xiǎo Sōng zǒujìn jiàoshì
シャオ ソォン ヅォウジン ジアオシー

❺ お母さん、どうか私を捨てないで。

お母さん、どうか〜、〜しないで、捨てる
妈妈，请，不要，扔下
māma　qǐng　bú yào　rēngxia
マァマァ　チィン　ブゥヤオ　ロゥンシア

❻ 小鳥が天空に飛び上がりました。

小鳥、飛ぶ、天空
小鸟，飞，天空
xiǎoniǎo　fēi　tiānkōng
シアオニアオ　フェイ　ティエンコォン

答えと音声を確認しよう

複合方向補語
動詞 ＋上／下／进／出＋来／去

先に挙げた"上"、"下"、"进"、"出"と"来"または"去"と動詞を組み合わせると、複合方向補語になります。

他们都走出去了。（彼らはみんな出て行った）
Tāmen dōu zǒuchuqu le.
タァメン ドウ ヅォウチュウチュィ ルァ

为什么星星不会掉下来？（どうして星は落ちて来ないの）
Wèishénme xīngxing bú huì diàoxialai?
ウェイシェンマ シィンシィン ブゥ ホゥイ ディアオシアライ

A

❶ **她们走进百货商店了。**
Tāmen zǒujin bǎihuòshāngdiàn le.
タァメン ヅォウジン バイホゥオシャアンディエン ルァ

❷ **我们爬上香山了。**
Wǒmen páshang Xiāngshān le.
ウオメン パァシャアン シアンシャン ルァ

❸ **股票怎么卖出？**
Gǔpiào zěnme màichu?
グゥピアオ ヅェンマ マイチュウ

❹ **小松走进教室。**
Xiǎo Sōng zǒujin jiàoshi.
シャオ ソォン ヅォウジン ジアオシー

❺ **妈妈，请不要扔下我。**
Māma, qǐng bú yào rēngxia wǒ.
マァマァ チィン ブゥ ヤオ ロゥンシア ウオ

❻ **小鸟飞上了天空。**
Xiǎoniǎo fēishangle tiānkōng.
シアオニアオ フェイシャアンルァ ティエンコォン

27 結果補語

私はようやくこのテレビドラマを見終えました。

我 终于 看完 这 部 电视 连续剧 了。
Wǒ zhōngyú kànwán zhè bù diànshì liánxùjù le.
ウオ ヂォンユィ カンワン ヂョア ブゥ ディエンシー リエンシュィジュィ ルァ

これだけ

結果「〜して…になりました」
動詞 ＋ 結果補語 。

学完：勉強する＋終える→勉強し終える
xuéwán
シュエワン

打错：打つ＋間違える→打ち間違える
dǎcuò
ダァツゥオ

Q 言ってみよう。

❶ 彼女はようやくこの本を勉強し終えました。

ようやく、この本、勉強し終える
终于，这本书，学完
zhōngyú zhè běn shū xuéwán
ヂォンユィ ヂョア ベン シュウ シュエワン

❷ 私は彼の電話番号を入れ間違えました。

彼の電話番号、入れ間違える
他的电话号码，输错
tā de diànhuà hàomǎ shūcuò
タァ ドァ ディエンホア ハオマァ シュウツゥオ

❸ 私の娘は辛いものを食べ慣れました。

私の娘、辛いもの、食べ慣れる
我女儿，辣的，吃惯
wǒ nǚ'er là de chīguàn
ウオ ニュィアル ラァ ドァ チーグワン

答えと音声を確認しよう

もっと1 「〜して…になりませんでした」

没（有） ＋ 動詞 ＋ 結果補語 。
méi yǒu
メイ ヨウ

私はこのテレビドラマを見終わりませんでした。
我没看完这部电视连续剧。
Wǒ méi kànwán zhè bù diànshì liánxùjù.
ウォ メイ カンワン ヂョァ ブゥ ディエンシー リエンシュィジュィ

＊「まだ〜していません」は"还没〜呢"。
　　　　　　　　　　　　　　háiméi　ne
　　　　　　　　　　　　　　ハイメイ　ヌァ

私はまだこのテレビドラマを見終えていません。
我还没看完这部电视连续剧呢。
Wǒ hái méi kànwán zhè bù diànshì liánxùjù ne.
ウォ ハイ メイ カンワン ヂョァ ブゥ ディエンシー リエンシュィジュィ ヌァ

もっと2 「〜して…になりませんでしたか」

動詞 ＋ 結果補語 ＋ α ＋ 了吗／没有？
　　　　　　　　　　　　　le ma　méiyou
　　　　　　　　　　　　　ルァ マァ　メイヨウ

あなたはこのテレビドラマを見終えましたか。
你看完这部电视连续剧了吗？／〜了没有？
Nǐ kànwán zhè bù diànshì liánxùjù le ma?　　　　　　le méiyou?
ニィ カンワン ヂョァ ブゥ ディエンシー リエンシュィジュィ ルァ マァ　　ルァ メイヨウ

A

❶ 她终于学完这本书了。
Tā zhōngyú xuéwán zhè běn shū le.
タァ ヂォンユィ シュエワン ヂョァ ベン シュウ ルァ

❷ 我输错了他的电话号码。
Wǒ shūcuòle tā de diànhuà hàomǎ.
ウォ シュウツゥオルァ タァ ドァ ディエンホア ハオマァ

❸ 我女儿吃惯辣的了。
Wǒ nǚ'er chīguàn là de le.
ウォ ニュィアル チーグワン ラァ ドァ ルァ

まとめ

❶ 結果「～して…になりました」

動詞 ＋ 結果補語 。

❷「～して…になりませんでした」

没（有）＋ 動詞 ＋ 結果補語 。
méi you
メイ ヨウ

❸「～して…になりませんでしたか」

動詞 ＋ 結果補語 ＋ α ＋ 了吗 / 没有 ?
　　　　　　　　　　　　　le ma　　méiyou
　　　　　　　　　　　　　ルァ マァ　メイヨウ

Q 言ってみよう。

❶ 私は彼の話が聞いてわかりませんでした。

聞いてわかる、彼の話
听懂，他的话
tīngdǒng tā de huà
ティンドォン タァ ドァ ホア

❷ 私はまだ彼のメールを受け取っていません。

受け取る、メール
收到，电子邮件
shōudào diànzǐyóujiàn
ショウダオ ディエンヅーヨウジエン

❸ あなたは列車の切符を買い求めましたか。

列車の切符、買い求める
火车票，买到
huǒchēpiào mǎidào
ホゥオチョァピアオ マイダオ

❹ お腹いっぱいになりました。

食べる、お腹がいっぱい
吃，饱
chī bǎo
チー バオ

❺ 私はまだ言い終えていません。

言う、終える
说，完
shuō wán
シュオ ワン

❻ 昨日の夜私は飲み過ぎました。

昨日の夜、飲み過ぎる
昨天晚上，喝多
zuótiān wǎnshang hēduō
ヅゥオティエン ワンシャン ホァドゥオ

答えと音声を確認しよう

+α 動作と結果

日本語で、「彼の家の猫は半日かけてねずみをつかまえた」という文を聞くと、猫は半日かけてねずみをつかまえようと色々と行動した結果、ねずみをつかまえたのだと推測します。しかし、中国語の「動詞」＋完了の"了"という文型は、ある動作をしたこと表すだけです。よって、次のような2種類の結果が続く可能性があります。

他家的猫抓了半天耗子，终于抓住了。
Tā jiā de māo zhuāle bàntiān hàozi, zhōngyú zhuāzhù le.
タァ ジァ ドァ マオ ヂョァルァ バンティエン ハオヅー ヂォンユ デュアヂュ ルァ

(彼の家の猫は半日かけてねずみをつかまえた。ようやくつかまえられた)

他家的猫抓了半天耗子，但是还没抓住。
Tā jiā de māo zhuāle bàntiān hàozi, dànshì hái méi zhuāzhù.
タァ ジァ ドァ マオ ヂョァルァ バンティエン ハオヅー ダンシー ハイメイ デュアヂュ

(彼の家の猫は半日かけてねずみをつかまえた。しかしつかまえられなかった)

A

❶ 我没听懂他的话。
Wǒ méi tīngdǒng tā de huà.
ウオ メイ ティンドォン タァ ドァ ホア

❷ 我还没收到他的电子邮件。
Wǒ hái méi shōudào tā de diànzǐyóujiàn.
ウオ ハイ メイ ショウダオ タァ ドァ ディエンヅーヨウジエン

❸ 你买到火车票了吗?
Nǐ mǎidào huǒchēpiào le ma?
ニィ マイダオ ホゥオチョァピアオ ルァ マァ

❹ 吃饱了。
Chībǎo le.
チーバオ ルァ

❺ 我还没说完呢。
Wǒ hái méi shuōwán ne.
ウオ ハイ メイ シュオワン ヌァ

❻ 昨天晚上我喝多了。
Zuótiān wǎnshang wǒ hēduō le.
ヅゥオティエン ワンシャアン ウオ ホァドゥオ ルァ

28 連動文

一緒に西湖（セイコ）に行って龍井（ロンジン）茶を飲もうよ。

我们 一起 去 西湖 喝 龙井茶 吧。
Wǒmen yìqǐ qù Xīhú hē lǒngjǐngchá ba.
ウオメン イィチィ チュイ シィホゥ ホァ ロォンジィンチャア バァ

これだけ

「〜して…する」

動詞1（＋〜）＋ 動詞2（＋〜）。

一緒に龍井茶を飲みに行こうよ。
我们 一起 去 喝 龙井茶 吧。
Wǒmen yìqǐ qù hē lǒngjǐngchá ba.
ウオメン イィチィ チュイ ホァ ロォンジィンチャア バァ

Q 言ってみよう。

❶ クラスメートたちは皆ディズニーランドへ行って遊びます。

> ディズニーランド、クラスメートたち
> **迪斯尼乐园, 同学们**
> Dísīnílèyuán tóngxuémen
> ディースーニィルァユエン トォンシュエメン

❷ 私の父は船に乗って青島（チンタオ）へ行きます。

> 船に乗る、青島
> **坐 船, 青岛**
> zuò chuán Qīngdǎo
> ヅゥオ チュワン チィンダオ

❸ あなたはメールを出してお客さんに伝えてください。

> メールを出す、お客さんに伝える
> **发 邮件, 告诉 客户**
> fā yóujiàn gàosu kèhù
> ファ ヨウジエン ガオスゥ クァホゥ

答えと音声を確認しよう

もっと1

「〜して…しない」

不 ＋ 動詞1（＋〜）＋ 動詞2（＋〜）。
bù
ブゥ

私は西湖に行って龍井茶を飲みません。
我 不 去 西湖 喝 龙井茶。
Wǒ bú qù Xīhú hē lóngjǐngchá.
ウオ ブゥ チュィ シィホウ ホァ ロォンジィンチァア

＊"想"などの助動詞は、動詞1の前。
　xiǎng
　シアン

もっと2

"了"は、文末か、後の動詞2の後。
le
ルァ

動詞1（＋〜）＋ 動詞2（＋〜）＋ 了。
　　　　　　　　　　　　　　　　　　le
　　　　　　　　　　　　　　　　　　ルァ

動詞1（＋〜）＋ 動詞2 了（＋〜）。
　　　　　　　　　　　　　　le
　　　　　　　　　　　　　　ルァ

西湖に行って龍井茶を飲みました。
我 去 西湖 喝 龙井茶 了。
Wǒ qù Xīhú hē lóngjǐngchá le.
ウオ チュィ シィ ホゥ ホァ ロォンジィンチァア ルァ

龍井茶を飲みに行きました。
我 去 喝了 龙井茶。
Wǒ qù hēle lóngjǐngchá.
ウオ チュィ ホァルァ ロォンジィンチァア

A

❶ **同学们都去迪斯尼乐园玩儿。**
Tóngxuémen dōu qù Dísīnílèyuán wánr.
トォンシュエメン ドウ チュイ ディースーニィルァユエン ワー

❷ **我爸爸坐船去青岛。**
Wǒ bàba zuò chuán qù Qīngdǎo.
オ パァパァ ヅゥオ チュワン チュイ チィンダオ

❸ **你发邮件告诉客户。**
Nǐ fā yóujiàn gàosu kèhù.
ニィ ファ ヨウジエン ガオスゥ クァホゥ

連動文

まとめ

❶「〜して…する」
動詞1（+〜） + 動詞2（+〜）。

❷「〜して…しない」
不 + 動詞1（+〜） + 動詞2（+〜）。
　bù
　ブゥ

❸ "了"は、文末か、後の動詞2の後。
　　le
　　ルァ

動詞1（+〜） + 動詞2（+〜）+ 了。
　　　　　　　　　　　　　　　le
　　　　　　　　　　　　　　　ルァ

動詞1（+〜） + 動詞2 + 了（+〜）
　　　　　　　　　　　 le
　　　　　　　　　　　 ルァ

Q 言ってみよう。

❶ 私は本屋さんへ行って本を買いました。

> 本屋さん
> 书店
> shūdiàn
> シュウディエン

❷ 明日病院に行って診療を受けなければなりません（受ける必要がある）。

> 病院、診療を受ける、〜しなければならない
> 医院，看病，要
> yīyuàn　kànbìng　yào
> イィユエン　カンビィン　ヤオ

❸ 彼は路線バスに乗って王府井（ワンフーチン）へ行きません。

> 路線バスに乗る、王府井
> 坐 公交车，王府井
> zuò gōngjiāochē　Wángfǔjǐng
> ヅゥオ ゴンジアオチョァ　ワンフゥジン

❹ 同僚たちは全員家に帰ってご飯を食べます。

> 同僚たち、全員、家に帰る、ご飯を食べる
> 同事们，都，回家，吃饭
> tóngshìmen　dōu　huíjiā　chīfàn
> トォンシーメン　ドウ　ホゥイジア　チーファン

❺ 彼女は託児所に赤ちゃんを送りに行く必要があります。

> 託児所、赤ちゃん、送る、〜の必要がある
> 托儿所，宝宝，送，要
> tuō'érsuǒ　bǎobao　sòng　yào
> トゥオアルスゥオ　バオバオ　ソォン　ヤオ

❻ 彼はよくジムへ行って泳ぎます。

> よく、ジム、泳ぐ
> 经常，健身房，游泳
> jīngcháng　jiànshēnfáng　yóuyǒng
> ジンチァン　ジエンシェンファアン　ヨウヨン

答えと音声を確認しよう

+α "着"で「〜しながら…する」と言える

「 動詞1 + 着 + 動詞2 」を使えば、「〜しながら…する」という2つの動作が同時に行われることを表せます。

他躺着看书。（彼は横になりながら本を読む）
Tā tǎngzhe kàn shū.
タァ タァンヂョァ カン シュウ

また、「 動詞1 + 着 + 動詞1 + 着 + 動詞2 」を使えば、「〜しているうちに…する」と言えます。

那个孩子哭着哭着就睡觉了。（あの子は泣いているうちに眠ってしまった）
Nà ge háizi kūzhe kūzhe jiù shuìjiào le.
ナァ グァ ハイヅー クゥヂョァ クゥヂョァ ジウ シュイジアオ ルァ

A

❶ 我去书店买书了。
Wǒ qù shūdiàn mǎi shū le.
ウオ チュイ シュウディエン マイ シュウ ルァ

❷ 明天我要去医院看病。
Míngtiān wǒ yào qù yīyuàn kànbìng.
ミィンティエン ウオ ヤオ チュイ イィユエン カンビィン

❸ 他不坐公交车去王府井。
Tā bú zuò gōngjiāochē qù Wángfǔjǐng.
タァ ブゥ ヅゥオ ゴォンジアオチョァ チュイ ワンフゥジィン

❹ 同事们都回家吃饭。
Tóngshìmen dōu huíjiā chīfàn.
トォンシーメン ドウ ホゥイジア チーファン

❺ 她要送宝宝去托儿所。
Tā yào sòng bǎobao qù tuō'érsuǒ.
タァ ヤオ ソォン バオバオ チュイ トゥオアルスゥオ

❻ 他经常去健身房游泳。
Tā jīngcháng qù jiànshēnfáng yóuyǒng.
タァ ジィンチャアン チュイ ジエンシェンファアン ヨウヨン

29 二重目的語をとる動詞

私は彼にシャツを1着贈ります。
我 送 他 一 件 衬衫。
Wǒ sòng tā yí jiàn chènshān.
ウオ ソォン タァ イィ ジエン チェンシャン

これだけ

「(人)に(物)を～する」
動詞 ＋ 人 ＋ 物 。

＊二重目的語がとれる動詞は、ほかに"给"(くれる)。

彼は私に映画のチケットを1枚くれました。
他 给 你 一 张 电影票。
Tā gěi nǐ yì zhāng diànyǐngpiào.
タァ ゲイ ニィ イィ ヂァアン ディエンイィンピアオ

Q 言ってみよう。

❶ 先生は僕に本を1冊贈ります。

先生、1冊の本、贈る
老师, 一本书, 送
lǎoshī yì běn shū sòng
ラオシー　イィ ベン シュウ ソォン

❷ 彼は私にナプキンを1枚くれます。

1枚、ナプキン
一张, 餐巾纸
yì zhāng cānjīnzhǐ
イィ ヂァアン ツァンジンヂー

❸ 私は彼に先生のメールを告げます。

メール、告げる
电子邮件, 告诉
diànzǐyóujiàn gàosu
ディエンヅーヨウジエン ガオスゥ

答えと音声を確認しよう

もっと 1 「(人) から (物) を〜する」
動詞 ＋ 人 ＋ 物 。

誰かが私から300元盗みました。
谁 偷 了 我 三百 块 钱。
Shéi tōule wǒ sānbǎi kuài qián.
シェイ トウルァ ウオ サンバイ クワイ チエン

もっと 2 「(人) を〜と呼びます」
叫 ＋ 人 ＋ 物 。
jiào
ジアオ

みんな彼を小皇帝と呼びます。
大家 都 叫 他 小皇帝。
Dàjiā dōu jiào tā xiǎohuángdì.
ダァジア ドウ ジアオ ター シアオホアンディー

A

❶ 老师送我一本书。
Lǎoshī sòng wǒ yì běn shū.
ラオシー ソォン ウオ イィ ベン シュウ

❷ 他给我一张餐巾纸。
Tā gěi wǒ yì zhāng cānjīnzhǐ.
ター ゲイ ウオ イィ チャアン ツァンジンヂー

❸ 我告诉他老师的电子邮件。
Wǒ gàosu tā lǎoshī de diànzǐyóujiàn.
ウオ ガオスゥ ター ラオシー ドァ ディエンヅーヨウジエン

二重目的語をとる動詞

まとめ

❶ 「(人) に (物) を〜する」
動詞 ＋ 人 ＋ 物 。

❷ 「(人) から (物) を〜する」
動詞 ＋ 人 ＋ 物 。

❸ 「(人) を〜と呼びます」
叫 ＋ 人 ＋ 物 。
jiào
ジアオ

Q 言ってみよう。

❶ 私は夫に何の料理を食べたいかを聞きました。

夫、何の料理を食べたい、聞いた
老公, 想吃什么菜, 问了
lǎogōng xiǎng chī shénme cài wènle
ラオゴォン シアンチー シェンマ ツァイ ウェンルァ

❷ 2日前あるスリが私から財布と携帯を盗みました。

2日前、あるスリ、財布と携帯
前两天, 有个小偷, 钱包和手机
qiánliǎngtiān yǒu ge xiǎotōu qiánbāo hé shǒujī
チエンリアンティエン ヨウ グァ シアオトウ チエンバオ ホァ ショウジー

❸ クラスメートは皆私を「小心者」と呼びます。

クラスメート、皆、「小心者」
同学们, 都, "胆小鬼"
tóngxuémen dōu dǎnxiǎoguǐ
トォンシュエメン ドウ ダンシアオグゥイ

❹ 張先生は私たちに中国語を教えます。

張先生、中国語、教える
张老师, 汉语, 教
Zhāng lǎoshī Hànyǔ jiāo
チャァン ラオシー ハンユィ ジアオ

❺ 私たちはみな、彼を宇宙人と称します。

宇宙人、称する
宇宙人, 称
yǔzhòurén chēng
ユィヂョウレェン チョン

❻ 彼は私に1冊の字典を贈ります。

贈る、1冊の字典
送, 一本字典
sòng yì běn zìdiǎn
ソォン イィ ベン ヅーディエン

答えと音声を確認しよう

+α 「動詞＋目的語」の動詞

「診察する」は"看病"ですが、「彼を診察する」は"看病他"ではありません。"看病"が「病（やまい）を看（み）る」という、「動詞＋目的語」できている動詞です。「彼を診察する」と言う場合は、"的"を入れて"他的病"とし、"给"などの前置詞を使います。

看他的病
kàn tā de bìng
カン タァ ドァ ビィン

给他看病
gěi tā kànbìng
ゲイ タァ カンビィン

「動詞＋目的語」でできている動詞はほかに、次のようなものがあります。

结婚　**跟他结婚**（彼と結婚する）
jiéhūn　　gēn tā jiéhūn
ジエホゥン　ゲン タァ ジエホゥン

帮忙　**帮他的忙**（彼を助ける）
bāngmáng　bāng tā de máng
バァンマァン　バァン タァ ドァ マァン

A

❶ 我问了老公想吃什么菜？
Wǒ wènle lǎogōng xiǎng chī shénme cài?
ウォ ウェンルァ ラオグォン シアン チー シェンマ ツァイ

❷ 前两天有个小偷偷了我的钱包和手机。
Qiánliǎngtiān yǒu ge xiǎotōu tōule wǒ de qiánbāo hé shǒujī.
チエンリアンティエン ヨウ グァ シアオトウ トウルァ ウォ ドァ チエンバオ ホァ ショウジー

❸ 同学们都叫我"胆小鬼"。
Tóngxuémen dōu jiào wǒ dǎnxiǎoguǐ.
トォンシュエメン ドウ ジアオ ウォ ダンシアオグゥイ

❹ 张老师教我们汉语。
Zhāng lǎoshī jiāo wǒmen Hànyǔ.
ヂァン ラオシー ジアオ ウォメン ハンユィ

❺ 我们都称他宇宙人。
Wǒmen dōu chēng tā yǔzhòurén.
ウォメン ドゥ チォン タァ ユイヂョウロェン

❻ 他送我一本字典。
Tā sòng wǒ yì běn zìdiǎn.
タァ ソン ウォ イィ ベン ヅーディエン

30 禁止

急がないで、ゆっくりしましょう。

别 着急，慢慢儿 来。
Bié zháojí, mànmānr lái.
ビエ ヂョァジー マンマー ライ

これだけ

「〜しないで」

别 ＋ 動詞 。
bié
ビエ

＊ほかに"不要"がある。
bú yào
ブゥヤオ

不 要 着急。（急がないで）
Bú yào zháojí.
ブゥ ヤオ ヂョァジー

Q 言ってみよう。

❶ 話をするな。（"不要"を使って）

話をする
说话
shuōhuà
シュオホゥア

❷ 大声で騒ぐな。（"不要"を使って）

大声で騒ぐ
大声喧哗
dàshēng xuānhuá
ダァシェン シュエンホゥア

❸ どうぞ遠慮しないでください。
（"别"を使って）

どうぞ〜してください、遠慮する
请，客气
qǐng　kèqi
チィン　クゥチィ

答えと音声を確認しよう

もっと1 「絶対に～しないで」

千万 ＋ 別 ＋ 動詞 。
qiān wàn　　bié
チエン ワン　ビエ

絶対に急がないで。
千万 别 着急。
Qiānwàn bié zháojí.
チエンワン ビエ ヂョァジー

もっと2 「(目の前で起こっている事を) ～しないで」。

別 ＋ 動詞 ＋ 了 。
bié　　　　　　　　le
ビエ　　　　　　　　ルァ

あなたは怒らないで。
你 别 生气 了。
Nǐ bié shēngqì le.
ニィ ビエ ションチィ ルァ

A

① 不要说话。
Bú yào shuōhuà.
ブゥ ヤオ シュオホゥア

② 不要大声喧哗。
Bú yào dàshēng xuānhuá.
ブゥ ヤオ ダァシェン シュエンホゥア

③ 请别客气。
Qǐng bié kèqi.
チィンビエ クゥチィ

まとめ

❶「〜しないで」

别 + 動詞。
bié
ピエ

❷「絶対に〜しないで」

千万 + 别 + 動詞。
qiān wàn   bié
チエン ワン ピエ

❸「(目の前で起こっている事を)〜しないで」

别 + 動詞 + 了。
bié   le
ピエ   ルァ

Q 言ってみよう。

❶ 絶対にタバコを吸ってはいけない。

___

タバコを吸う
抽烟
chōuyān
チョウイエン

❷ たった今私が言った話を忘れてはいけない。

___

たった今私が言った話
刚才我说的话
gāngcái wǒ shuō de huà
ガァンツァイ ウオ シュオ ドァ ホゥア

❸ 知らない人と話してはいけない。
("不要"を使って)

___

知らない人、〜と、話す
陌生人，和，说话
mòshēngrén hé   shuō huà
モォシェンロェン ホァ シュオ ホゥア

❹ 強がるな。

___

強がる
逞强
chěngqiáng
チョンチアン

❺ 私のせいにしないで。

___

せいにする/責める
怪
guài
グワイ

❻ (言葉を遮って)そんなふうに言わないで。すべて私のミスです。

___

そんなふうに、すべて、私のミス
这样说，都，我的错
zhèyàng shuō dōu wǒ de cuò
ヂョアヤン シュオ ドウ ウオ ドァ ツゥオ

+α いろいろな禁止の表現

禁止の表現は"別"や"不要"以外にもたくさんあります。店の看板や案内などでもよく使われますので、いくつか表現を挙げておきます。

お断り　　　　　　　お酒のお持ち込みのお断り
谢绝　　　　　　　**谢绝自带酒水**
xièjué　　　　　　　Xièjué zìdài jiǔshuǐ
シエジュエ　　　　　シエジュエ ヅダイ ジウシュイ

～するなかれ　　　　撮影するなかれ
请勿　　　　　　　**请勿拍照**
qǐng wù　　　　　　Qǐng wù pāizhào
チィン ウゥ　　　　　チィン ウゥ パイヂャオ

厳禁　　　　　　　　火気厳禁
严禁　　　　　　　**严禁烟火**
yánjìn　　　　　　　Yánjìn yānhuǒ
イエンジン　　　　　イエンジン イエンホゥオ

A

❶ **千万别抽烟。**
Qiānwàn bié chōuyān.
チエンワン ビエ チョウイエン

❷ **别忘了刚才我说的话。**
Bié wàngle gāngcái wǒ shuō de huà.
ビエ ワンラ ガァンツァイ ウオ シュオ ドァ ホゥア

❸ **不要和陌生人说话。**
Bú yào hé mòshēngrén shuōhuà.
ブゥ ヤオ ホァ モォシェンロェン シュオホゥア

❹ **别逞强。**
Bié chěngqiáng.
ビエ チョンチアン

❺ **别怪我。**
Bié guài wǒ.
ビエ グワイ ウオ

❻ **别这样说。都是我的错。**
Bié zhèyàng shuō. Dōu shì wǒ de cuò.
ビエ ヂョァヤン シュオ ドウ シー ウオ ドァ ツゥオ

まとめのドリル 6

1 ピンインと日本語を読み、簡体字で書いてみよう。

① Tāmen dōu chūqu le.（彼らはみんな出て行った）

② Wǒ hái méi shuōwán ne.（私はまだ話し終わってないよ）

③ Wǒmen yìqǐ qù Běijīng chī kǎoyā.（私たちは一緒に北京へ行き、ダックを食べます）

④ Wǒ gěi tā liǎng zhāng diànyǐngpiào.（私は彼に2枚の映画のチケットをあげます）

⑤ Bié wàngle wǒ shì shéi.（私が誰だか忘れないで）

2 語句を並べ替え、文を作ってみよう。

① 彼らは公園に入りました。（他们, 公园, 走进了）
　　　　　　　　　　　　　tāmen　gōngyuán　zǒujinle

② 私はもうお腹いっぱいになりました。（了, 已经, 吃, 我, 饱）
　　　　　　　　　　　　　　　　　　le　yǐjing　chī　wǒ　bǎo

③ 私は運転して会社へ行きます。（开车, 我, 公司, 去）
　　　　　　　　　　　　　　　kāichē　wǒ　gōngsī　qù

④ クラスメートはみな彼を「博士」と呼びます。（叫, "博士", 都, 同学们, 他）
　　　　　　　　　　　　　　　　　　　　　　jiào　bóshì　dōu　tóngxuémen　tā

⑤ 絶対に急がないで。（别, 千万, 着急）
　　　　　　　　　　bié　qiānwàn　zháojí

3 [ ]の中から1つを選んで、文を完成してみよう。

[别 骑 上 到 偷]
bié qí shàng dào tōu

① 她穿（　　　）了婚纱。（彼女はウェディングドレスを着た）
Tā chuān le hūnshā.

② 你的眼镜找（　　　）了吗？（あなたのメガネは探しあてられましたか）
Nǐ de yǎnjing zhǎo le ma?

③ 我（　　　）自行车去学校。（私は自転車に乗って学校へ行きます）
Wǒ zìxíngchē qù xuéxiào.

④ 他（　　　）了我四十元。（彼は私から40元盗んだ）
Tā le wǒ sìshí yuán.

⑤ 你（　　　）大声说话。（あなたは大声で話さないで）
Nǐ dàshēng shuōhuà.

4 中国語で言ってみよう。

① 入って行ってもいいですか。

② みなさん聞いてわかりましたか。

③ 彼は映画を見に行きます。

④ 李先生は私たちに中国語を教えます。

⑤ 急がないで、ゆっくりしましょう。

こたえ

1 ① 他们都出去了。　② 我还没说完呢。　③ 我们一起去北京吃烤鸭。　④ 我给他两张电影票。　⑤ 别忘了我是谁。

2 ① 他们走进了公园。　② 我已经吃饱了。　③ 我开车去公司。　④ 同学们都叫他"博士"。　⑤ 千万别着急。

3 ① 上　② 到　③ 骑　④ 偷　⑤ 别

4 ① 可以进去吗？　② 大家听懂了吗？　③ 他去看电影。　④ 李老师教我们汉语。
Kěyǐ jìnqù ma? Dàjiā tīngdǒngle ma? Tā qù kàn diànyǐng. Lǐ lǎoshī jiāo wǒmen Hànyǔ.
⑤ 别着急，慢慢儿来。
Bié zháojí, mànmānr lái.

コラム6

読み書きができないこと

　広い中国には、聞いたり話したりはできるけど、書いたり読んだりはできない人が多くいます。

　雲南省と四川省の境の標高2,700メートルにある瀘沽湖（ロココ）ツアーに参加したことがあります。そこは、中国56の民族の中の彝（イ）族の1つ、摩梭人（モソジン）が住む山間の小さな貧しい地域です。そこで、北京在住の中国人観光客が「北京など都会なら仕事がいっぱいあるので、都会に出れば」と言うと、そこに住む女性は、"不识字"（文字を知らないから都会には行けない）と言いました。

　ツアーガイドをしていた摩梭人の青年は、ツアー客に領収書のサインを求められ、文字を書けないので戸惑ったことがあるそうです。そのとき「こいつ、自分の名前も書けないんだって」と言われ、その場にいたほかの客にも笑われて、文字が書けないことが恥ずかしいのだと、初めて認識したそうです。彼は同じ地域の子供たちに同じ思いをさせたくないと思い、学校を建設しました。その青年は満面の笑みを浮かべ、うれしそうに学校を案内してくれました。今は、そこで文字を学び、自分の名前を読み書きできる子供が育っているでしょう。

付録

基本単語

A

爱	愛
矮	(背が)低い
安慰	慰める

B

八	八
把	～脚（量詞）
吧	～よ
爸爸	父
百货商店	デパート
办手续	手続きをする
饱	お腹がいっぱい
宝宝	赤ちゃん
报纸	新聞
杯	～杯（量詞）
北京	北京
北京烤鸭	北京ダック
本	～冊（量詞）
表演	出し物
别的	他の
病	病気
饼干	ビスケット
冰箱	冷蔵庫
部	～本（量詞）
不要	～しないで
不远	遠くない
部长	部長

C

菜	料理
参观	見学する
参加	参加する
餐巾纸	ナプキン
茶馆	茶館
场	～回（量詞）
唱	歌う
车站	バス停
称	称する
～成	～割
成功	成功
逞强	強がる
成为	なる
橙汁	オレンジジュース
吃	食べる
吃饭	ご飯を食べる
吃惯	食べ慣れる
崇拜	尊敬する
抽烟	タバコを吸う
出	出る
穿	着る
船	船
春天	春
次	～回（量詞）
从来	今まで
从现在	今から

D

打电话	電話をかける
打扰	邪魔する
打印机	プリンター
打针	注射を打つ

大	年上
大阪	大阪
大连	大連
大声	大声
大学	大学
担心	心配する
担担面	タンタンメン
胆小鬼	小心者
当	（ボランティアを）する
到	やって来る
低	低い
弟弟	弟
迪斯尼乐园	ディズニーランド
地震	地震が起こる
电话	電話
电话号码	電話番号
电脑	パソコン
电视	テレビ
电影	映画
电子邮件	メール
订	予約する
丢	なくす
东西	物
都	全員、皆、すべて
读	読む
对面	向かい
顿	～回（量詞）
多少钱	いくら

E

二	二
二胡	二胡
二十	二十
儿子	息子

F

发邮件	メールを出す
饭店	レストラン、ホテル
房间	部屋
放心	安心
房子	家
飞	飛ぶ
飞机	飛行機
封	～通（量詞）
疯	狂う
风景	風景
枫叶	カエデ
附近	近く

G

刚才	たった今
钢琴	ピアノ
钢琴家	ピアニスト
告诉	告げる、伝える
歌	歌
跟	～に
更	もっと
公交车	路線バス
公司	会社
公园	公園
工资	給料
工作	仕事
故宫	故宮
姑娘	女性
股票	株式
拐	曲がる
怪	せいにする、責める
广播	ラジオ放送
广东菜	広東料理
逛街	ショッピングする

郭沫若	郭沫若	教室	教室
过来	やって来る	节目	番組
		今年	今年
		今天	今日

H

韩国人	韓国人	进站	駅に入る
汉语	中国語	经常	よく
杭州	杭州	京剧	京劇
好几次	何度も	经理	経理
号	日	九	九
喝	飲む	酒	酒
喝多	飲み過ぎる	酒店	ホテル
喝咖啡	コーヒーを飲む		
和	～と		

K

很多	たくさん	开车	車を運転する
红	色づく、赤くなる	开会	会議をする
后天	明後日	开始	始まる、始める
护照	パスポート	看	見る
话	話	看病	診療を受ける
皇居	皇居	考虑	考える
回家	家に帰る	课长	課長
回来	戻って来る	客户	お客さん
火车	列車	客气	遠慮する
火车票	列車の切符	肯德基	ケンタッキー
火锅	火鍋		

J

L

机器人	ロボット	辣	辛い
鸡肉	鶏肉	来	来る
家	家	老公	夫
家	～軒（量詞）	老师	先生
价钱	値段	了	～した
件	～件（量詞）	冷	寒い
健身房	ジム	冷酷	冷酷だ
饺子	ギョーザ	离婚	離婚
教	教える	离开	去る
		里	～の中

六	六
楼	建物
楼下	階下
鲁迅	魯迅
旅游	旅行

M	
妈妈	母
麻婆豆腐	マーボー豆腐
骂	怒る
买	買う
买到	買い求める
麦当劳	マクドナルド
卖	売る
满意	満足する
猫	猫
每个星期	毎週
美国	アメリカ
美国人	アメリカ人
米	メートル
明天	明日
陌生人	知らない人

N	
拿手菜	得意料理
那	あれ、あの
那些	あれら
男朋友	彼氏
你们	あなたたち
年	年上
女儿	娘
女朋友	彼女
暖和	暖かい

P	
爬	登る
拍视频	動画を撮る
跑	走る
赔	弁償する
培训	訓練
配	（メガネを）作る
啤酒	ビール
便宜	安い
漂亮	きれい、美しい
瓶	〜本（量詞）
苹果	リンゴ
葡萄酒	ワイン
七	七
起飞	飛ぶ
汽水	炭酸水
前	前
钱	金
钱包	財布
青岛	青島
请	どうか〜、どうぞ〜してください
娶	めとる
取得	収める
去	行く

R	
热	暑い
人	人
扔下	捨てる
日本人	日本人
日语	日本語

S	
三	三

商店	店	泰山	泰山
上	〜の上	弹	（ピアノを）弾く
上海	上海	谈恋爱	恋愛をする
烧卖	シュウマイ	讨价还价	値段の掛け合い
绍兴酒	紹興酒	踢球	サッカーをする
什么	何の	天	〜日（量詞）
身体	身体	甜	甘い
十	十	天空	天空
十一	十一	天气	天候、天気
世界	世界	天坛公园	天壇公園
事情	用事、事	铁观音	鉄観音
收到	受け取る	听	（音楽・ラジオを）聞く
手机	携帯	听懂	聞いてわかる
收音机	ラジオ	同事	同僚
书	本	同学	クラスメート
书包	かばん	托儿所	託児所

W

输错	入れ間違える	外国	外国
书店	本屋	外面	外
数码相机	デジタルカメラ	外套	コート
说	言う	完	終える
说话	話す	晚上	夜
死	死	王府井	王府井
四	四	网球	テニス
四川菜	四川料理	卫生间	トイレ
送	送る、贈る	问	質問する
苏州	蘇州	文件	書類
酸辣汤	サンラータン	问题	問題
岁	〜歳（量詞）	我	私
孙中山	孫文	乌龙茶	ウーロン茶
		五	五

T

他	彼
她	彼女
他们	彼ら

X

洗	洗う

西单	シーダン	学	学ぶ
喜欢	好き	学生	学生
洗衣服	洗濯をする	学完	勉強し終える
夏天	夏	学习	勉強する
下雪	雪が降る	学校	学校
先	まず		
先生	～さん（男性の敬称）	**Y**	
现在	今	压力	プレッシャー
想	考える	眼镜	メガネ
想	～したい	养	飼う
香菜	シャンツァイ、パクチー	要	欲しい
香港	香港	要	～しなければならない、～の必要がある
香山	香山		
相信	信じる	叶	葉
小～	～くん・さん（親しい人の敬称）	一	一
		一百	百
小笼包	ショーロンポー	衣服	服
小鸟	小鳥	一千	千
小偷	スリ	一万	万
写	書く	医院	病院
心情	機嫌	一直	まっすぐ
新闻	ニュース	颐和园	頤和園
信	手紙	以后	今後
行李	荷物	椅子	椅子
星期	週	银行	銀行
星期二	火曜日	饮料	飲み物
星期六	土曜日	音乐	音楽
星期日	日曜日	英国	イギリス
星期三	水曜日	英语	英語
星期四	木曜日	用	使用する
星期天	日曜日	游客	観光客
星期五	金曜日	游戏	ゲーム
星期一	月曜日	游泳	泳ぐ
熊猫	パンダ	有	ある～
喧哗	騒ぐ	右	右

宇宙人	宇宙人	走	歩く
远	遠い	走进	歩いて入る
月	月	最近	最近
云南	雲南	昨天	昨日
孕妇	妊婦	左	左
		坐	（バス・船に）乗る
		座	〜棟（量詞）
		做	作る

Z

再说	また言う
早	早い
怎么	どうやって
怎么样	どうなる
张	〜枚（量詞）
找	訪ねる
这	これ
这次	今回
这个	この
这些	これら
这样说	そんなふうに
真	本当に
只	〜匹（量詞）
知道	知っている
智能手机	スマートフォン
职业	職業
志愿者	ボランティア
终于	ようやく
中华街	中華街
中文	中国語
重	重い
周恩来	周恩来
猪肉	豚肉
竹	竹
竹叶	竹の葉
注意	注意する
桌子	テーブル
字典	字典

さぼった日も忙しい日もチラ見するだけ
おさぼりカード

1　中国語の文字・発音

❶ 中国語の漢字は「簡体字（かんたいじ）」と呼ぶ。
❷ 中国語の発音はピンインという声調（せいちょう）がついたローマ字で表記。

2　発音：四声

❶ 音を上げたり下げたりする「声調（せいちょう）」は、主に4種類あり、「四声（しせい）」とも呼ぶ。

❷ 　第1声　　　第2声　　　第3声　　　第4声
　　ā　　　　　á　　　　　ǎ　　　　　à
　　アァ　　　　アァ　　　　アァ　　　　アァ

　　第1声　　出だし高く、高さをキープ。
　　第2声　　一気に上げる。
　　第3声　　低い位置でキープ。ため息をつく感じ。
　　第4声　　出だし高く、後はジェットコースターを滑り落ちる感じ。
　　軽　声　　声調符号はない。ほかの語の後ろで「軽く短く」発音。

3　発音：母音

a　口を大きく開けて「アー」と出す。
o　日本語の「オ」より口を丸く突き出す。
e　みぞおちから「エ」と「オ」の中間の音を出す。
i　口を思いっきり左右に開いて「イー」と出す。
u　日本語の「ウ」より口を丸く突き出す。
ü　日本語の「ウ」の口の形で「イ」と音を出す。
er　みぞおちから「エ」と「オ」の中間の音"e"の音を出しながら、舌先を上にそり上げる。

持ち歩きに便利なPDFも三修社のホームページで公開しています。
http://www.sanshusha.co.jp/

4 子音

❶ 子音は全部で21種類あります。

	①<無気音>	②<有気音>	<鼻音>	<摩擦音>	<有声音>
③唇音	b(o)	p(o)	m(o)	f(o)	
④舌尖音	d(e)	t(e)	n(e)		l(e)
⑤舌根音	g(e)	k(e)		h(e)	
⑥舌面音	j(i)	q(i)		x(i)	
⑦そり舌音	zh(i)	ch(i)		sh(i)	r(i)
⑧舌歯音	z	c		s	

5 複合・鼻母音

❶

① 大→小タイプ	ai ei ao ou
② 小→大タイプ	-ia -ie -ua -uo -üe (ya) (ye) (wa) (wo) (yue)
③ 小→大→小タイプ	-iao -iou -uai -uei (yao) (you) (wai) (wei)

❷ 中国語では、2つの「-n」と「-ng」（ン）を意識的に使い分ける。
「-n」は「案内」（アンナイ）と言うときの「ン」。
「-ng」は「案外」（アンガイ）と言うときの「ン」。

6 動詞述語文

❶「AはBを（に）～する」
　A ＋ 動詞 ＋ B 。
　＊「Bを」は、なくても良い。

❷「AはBを（に）～しない」
　A ＋ 不 ＋ 動詞 ＋ B 。
　　　　bù
　　　　ブゥ

❸「AはBを（に）～しますか」
　文 ＋ 吗？ / ～動詞 ＋ 不 ＋ 動詞 ？
　　　　ma　　　　　　　bu
　　　　マァ　　　　　　　ブゥ

7 「です」述語文

❶「AはBです」

A ＋ 是 ＋ B 。
　　　shi
　　　シー

❷ 疑問「AはBですか」

A ＋ 是 ＋ B ＋ 吗？
　　　shi　　　　ma
　　　シー　　　マァ

＊「はい」は、是 、「いいえ」不是 。　　是。 / 不是。
　　　　　　shi　　　　bú shi　　　　shi.　　bú shi.
　　　　　　シー　　　 プゥシー　　　シー　　プゥシー

❸ 否定「AはBではない」

A ＋ 不是 ＋ B 。
　　　bú shi
　　　プゥシー

8 所有・存在の表現

❶「AはBを持っています」「AにはBがあります」

A ＋ 有 ＋ B 。
　　　yǒu
　　　ヨウ

❷ 否定「AはBを持っていません / Bがありません」

A ＋ 没 ＋ 有 ＋ B 。
　　　méi　　yǒu
　　　メイ　　ヨウ

❸ 疑問「AはBを持っていますか / Bがありますか」

A ＋ 有 ＋ B ＋ 吗？
　　　yǒu　　　　ma
　　　ヨウ　　　マァ

9 存在文 "在"

❶「～は…にあります」

主語 ＋ 在 ＋ 場所 。
　　　　zài
　　　　ヅァイ

❷ 否定「～は…にありません」

主語 ＋ 不 ＋ 在 ＋ 場所 。
　　　　bú　　zài
　　　　プゥ　ヅァイ

❸ 質問「～はどこにありますか」

主語 ＋ 在 ＋ 哪儿？
　　　　zài　　 nǎr
　　　　ヅァイ　ナァー

10 形容詞述語文

❶「〜は…(性質・状態)です」

主語 ＋ 很 ＋ 形容詞 。
　　　　hěn
　　　　ヘン

❷ 否定「〜は…ではありません」

主語 ＋ 不 ＋ 形容詞 。
　　　　bù
　　　　ブゥ

❸ 疑問「〜は…ですか」

主語 ＋ 形容詞 ＋ 吗？
　　　　　　　　　ma
　　　　　　　　　マァ

11 疑問文

❶「〜は何を…しますか」

主語 ＋ 動詞 ＋ 什么 ？
　　　　　　　　shénme
　　　　　　　　シェンマ
　　　　　⇒ 什么 ＋ 対象 ？
　　　　　　 shénme
　　　　　　 シェンマ

❷「誰が〜」

谁 ＋ ？
Shéi
シェイ

❸「どのように〜」

怎么 ＋ ？
zěnme
ヅェンマ

12 選択疑問文

❶ 疑問「〜ですか、それとも…ですか」

選択A ＋ 还是 ＋ 選択B ？　　＊答えは選択内容を言う。
　　　　 háishi　　　　　　　　 選択A 。／ 選択B 。
　　　　 ハイシー

❷ "还是"直後の"是"は不要。
　　　　háishi　　　　shi
　　　　ハイシー　　 シー

是 選択A ＋ 还是 ＋ ~~是~~ 選択B ？
shì　　　　　háishi　　 ~~shi~~
シー　　　　 ハイシー　 ~~シー~~

❸ 文と文の選択疑問文

選択A 文 ＋ 还是 ＋ 選択B 文 ？
　　　　　 háishi
　　　　　 ハイシー

13 副詞

❶ 「～も」など副詞

　副詞　＋　動詞

❷ 「みんな」

　都　＋　動詞　？
　dōu
　ブゥ

❸ 「～も…しない」

　也　＋　不　＋　動詞
　yě　　　bù
　イエ　　ブゥ

14 前置詞

❶ 「Ａは(場所)までＢです」　　　　　　　「Ａは(場所)からＢする」

　Ａ　＋　离　＋　場所　＋　Ｂ(状態性)　　Ａ　＋　从　＋　場所　＋　Ｂ(動作性)
　　　　　lí　　　　　　　　　　　　　　　　　　cóng
　　　　　リィ　　　　　　　　　　　　　　　　　ツォン

❷ 「～から…まで」

　从　＋　場所　＋　到　＋　場所
　cóng　　　　　　　dào
　ツォン　　　　　　ダオ

❸ 「～に(向かって)」／「～で」

　往　／　在　＋　場所　／　方向
　wǎng　zài
　ブゥ　　シアン

15 量詞・数

❶ 一, 二, 三, 四, 五, 六, 七, 八, 九, 十, 十一, 二十, 一百, 一千, 一万
　　　yī　èr　sān　sì　wǔ　liù　qī　bā　jiǔ　shí　shíyī　èrshí　yìbǎi　yìqiān　yíwàn
　　　イィ　アル　サン　スー　ウゥ　リウ　チィ　バァ　ジウ　シー　シーイィ　アルシー　イィバイ　イィチエン　イィワン

　数＋量詞（助数詞）＋名詞　　　　　　　　　　　＊「～枚」は、"张"を使います。
　　　　　　　　　　　　　　　　　　　　　　　　　　　　　　zhāng
　　　　　　　　　　　　　　　　　　　　　　　　　　　　　　チャアン

❷ 量詞を使うとき、"二"は"两"に。
　　　　　　　　　　　　　èr　　　liǎng
　　　　　　　　　　　　　アル　　リアン

　两　＋　量詞　＋　名詞
　liǎng
　リアン

　× 二　＋　量詞　＋　名詞　とは言わない。
　　　èr
　　　アル

❸ 西暦、日時、曜日は、並んでいる数字を1つずつ読む。

16 可能

❶「(学んで)〜できます」

会 ＋ 動詞
huì
ホゥイ

❷「(能力があって)できます」

能 ＋ 動詞
néng
ネゥン

❸ 許可の「〜できます」

可以 ＋ 動詞
kěyǐ
ヶァイィ

17 義務

❶ 話の流れから「(当然)〜すべきです」

应该 ＋ 動詞
yīnggāi
イィンガイ

＊「少し〜です」。

有点儿 ＋ 動詞/形容詞
yǒudiǎnr
ヨウディアー

＊ややマイナスの意味になる。

❷ 義務の「〜すべき」と、自発的な「〜する必要がある」

得 / 要 ＋ 動詞
děi yào
デイ ヤオ

❸ "应该"、"得"と"要"の否定

应该 → 不应该   得 要 → 不用
yīnggāi bù yīnggāi   děi yào   bú yòng
イィンガイ ブゥイィンガイ デイ ヤオ ブゥヨン

18 願望

❶ 願望「〜したい」

想 ＋ 動詞
xiǎng
シアン

＊強調「とても〜したい」

很 ＋ 想 ＋ 動詞
xiǎng xiǎng
ヘン シアン

❷ 意志「〜したい」

要 ＋ 動詞
yào
ヤオ

❸「〜したくない」

不 ＋ 想 ＋ 動詞
bù xiǎng
ブゥ シアン

19 進行

❶ 進行「〜しています」

在 + 動詞 + 呢 。
zài　　　　　　ne
ヅァイ　　　　　ヌァ

＊ "呢" は省略可。"正在" + 動詞でも良い。
　　　　　　　　　zhèng zài
　　　　　　　　　ヂョン ヅァイ

❷「〜していません」

没 (+ 在) + 動詞
méi　　zài
メイ　　ヅァイ

＊ "正" と "呢" は取り、"在" は残しても良い。
　zhèng　　ne　　　　zài
　ヂョン　　ヌァ　　　ヅァイ

❸「〜していますか」「いいえ」

在 + 動詞 + 吗 ？ 没有 。
zài　　　　　　ma　　Méiyou.
ヅァイ　　　　マァ　　メイヨウ

20 完了

❶ 完了・実現「〜しました」

動詞 + 了 + 目的語 。
　　　　le
　　　　ルァ

❷「〜しませんでした」

没 + 動詞 + 目的語 。
méi
メイ

❸「〜しましたか」

動詞 + 了 + 目的語 + 吗 ？
　　　　le　　　　　　ma
　　　　ルァ　　　　　マァ

21 変化

❶ 状況変化「〜しました」「〜になりました」

| 文 | + 了 。
　　　　　le
　　　　　ルァ

＊「どんな変化？」は、疑問詞の後に "了"。
　　　　　　　　　　　　　　　　le
　　　　　　　　　　　　　　　　ルァ

疑問詞 + 了 ？
　　　　le
　　　　ルァ

❷ 状況変化「〜したの？」

| 文 | + 了吗 ？
　　　　　le ma?
　　　　　ルァ マァ

❸「〜しないことにしました」「〜でなくなりました」

主語 + 不 + |動詞| + 了 。
　　　　bù　　　　　　le
　　　　ブゥ　　　　　ルァ

22 近未来

❶「まもなく～する」

（主語＋）　要　＋　動詞（＋～）　＋　了。
　　　　　　yào　　　　　　　　　　　　le
　　　　　　ヤオ　　　　　　　　　　　　ルァ

❷ 差し迫っているときの「もうすぐ～する」、さらに迫っている「もう～する」

（主語＋）　快（要）　＋　～　＋　了。
　　　　　　kuài yào　　　　　　　le
　　　　　　クワイ ヤオ　　　　　　ルァ

（主語＋）　就（要）　＋　～　＋　了。
　　　　　　jiù yào　　　　　　　le
　　　　　　ジウ ヤオ　　　　　　ルァ

❸「まもなく～する」「もうすぐ～する」「もう～する」の疑問

　要　／　快（要）　／　就（要）　～　了　＋　吗？
　yào　　　kuài yào　　　jiù yào　　　　le　　　ma
　ヤオ　　　クワイ ヤオ　　ジウ ヤオ　　　　ルァ　　　マァ

23 動量詞

❶ 動作の回数や量は、動詞の後に、数と量詞（助数詞）のセットで。

動詞　＋　数　＋　量詞（助数詞）

❷ 物や事は、動作の回数の後。

動詞　＋　数　＋　量詞　＋　物・事　。

❸「彼／彼女」などの人称代名詞は、数の前。

動詞　＋　人称代名詞　＋　数　＋　量詞　。

24 比較

❶「AはBより～です」

A　＋　比　＋　B　＋　状態　＋　その差　。
　　　　bǐ
　　　　ビィ

❷「AはBよりもっと～です」

A　＋　比　＋　B　＋　更　／　还　＋　状態　。
　　　　bǐ　　　　　　gèng　　hái
　　　　ビィ　　　　　ゲゥン　　ハイ

❸「AはBほど～でありません」

A　＋　没有　＋　B　＋　（那么）　＋　状態　。
　　　　méiyou　　　　　　nàme
　　　　メイヨウ　　　　　ナァマ

25 経験

❶「〜したことがあります」

動詞 ＋ 过。
       guo
       グゥオ

❷「〜したことがありません」

没（有）＋ 動詞 ＋ 过。
méi (you)   guo
メイ ヨウ   グゥオ

❸「〜したことがありますか」

動詞 ＋ 过 （＋α）＋ 吗 ／ 没有 ？
       guo   ma   méiyou
       グゥオ   マァ   メイヨウ

26 方向補語

❶ 移動する方向（方向補語）

動詞 ＋ 方向補語

"去"：話者から離れる。
　　　他进去．（彼は中に入って行きます）
"来"：話者に近づく。
　　　他进来．（彼は中に入って来ます）

❷ 上下を表す方向補語

上がる、下がる
上、下
shang xia
シャアン シア

❸ 内と外を表す方向補語

入る、出る
进、出
jin chu
ジン チュウ

27 結果補語

❶ 結果「〜して…になりました」

動詞 ＋ 結果補語 。

❷「〜して…になりませんでした」

没（有）＋ 動詞 ＋ 結果補語 。
méi you
メイ ヨウ

❸「〜して…になりませんでしたか」

動詞 ＋ 結果補語 ＋ α ＋ 了吗 ／ 没有 ？
                        le ma   méiyou
                        ルァ マァ メイヨウ

28 連動文

❶「～して…する」
動詞１（+～） + 動詞２（+～）。

❷「～して…しない」
不 + 動詞１（+～） + 動詞２（+～）。
bù
ブゥ

❸ "了" は、文末か、後の動詞２の後。
動詞１（+～） + 動詞２（+～） + 了。
le
ルァ

動詞１（+～） + 動詞２ + 了（+～）
le
ルァ

29 二重目的語をとる動詞

❶「(人)に(物)を～する」
動詞 + 人 + 物 。

❷「(人)から(物)を～する」
動詞 + 人 + 物 。

❸「(人)を～と呼びます」
叫 + 人 + 物 。
jiào
ジアオ

30 禁止

❶「～しないで」
別 + 動詞。
bié
ビエ

❷「絶対に～しないで」
千万 + 別 + 動詞。
qiān wàn   bié
チエン ワン ビエ

❸「(目の前で起こっている事を)～しないで」
別 + 動詞 + 了。
bié   le
ビエ   ルァ

著者プロフィール

永江貴子（ながえ・たかこ）
拓殖大学外国語学部中国語学科准教授。
北京大学に2年半留学、中国で日系企業に1年勤務。
中国の言葉と中国の魅力の共有を目指す。

協力：島田一樹、遠藤あかね

だいたいで楽（たの）しい中国語入門（ちゅうごくごにゅうもん）　使える文法

2014年3月30日　第1刷発行
2020年7月30日　第2刷発行

著　者	永江貴子	
発行者	前田俊秀	
発行所	株式会社 三修社	
	〒150-0001　東京都渋谷区神宮前2-2-22	
	TEL 03-3405-4511　FAX 03-3405-4522	
	http://www.sanshusha.co.jp	
	振替00190-9-72758	
	編集担当　安田美佳子	
印刷	萩原印刷株式会社	
CD製作	株式会社メディアスタイリスト	

©Takako Nagae 2014 Printed in Japan
ISBN978-4-384-04591-8 C1087

[JCOPY] 〈出版者著作権管理機構 委託出版物〉
本書の無断複製は著作権法上での例外を除き禁じられています。複製される場合は、
そのつど事前に、出版者著作権管理機構（電話 03-5244-5088 FAX 03-5244-5089
e-mail: info@jcopy.or.jp）の許諾を得てください。

イラスト：七海らっこ
本文デザイン：スペースワイ
カバーデザイン：白畠かおり